迷悟之间

自在

人生哲学

星云大师 著

中华书局

图书在版编目(CIP)数据

自在：人生哲学/星云大师著. —北京：中华书局,2010.4
(2022.9 重印)
(迷悟之间)
ISBN 978-7-101-07308-9

Ⅰ.自… Ⅱ.星… Ⅲ.佛教-通俗读物 Ⅳ.B94-49

中国版本图书馆 CIP 数据核字(2010)第 040048 号

本书由上海大觉文化传播有限公司独家授权出版中文简体字版

书　　名　自在：人生哲学
著　　者　星云大师
丛 书 名　迷悟之间
责任编辑　陈　虎　焦雅君
责任印制　管　斌
出版发行　中华书局
　　　　　(北京市丰台区太平桥西里 38 号　100073)
　　　　　http://www.zhbc.com.cn
　　　　　E-mail:zhbc@zhbc.com.cn
印　　刷　三河市宏达印刷有限公司
版　　次　2010 年 4 月第 1 版
　　　　　2022 年 9 月第 12 次印刷
规　　格　开本/889×1194 毫米　1/32
　　　　　印张 6½　插页 7　字数 80 千字
印　　数　68001-72000 册
国际书号　ISBN 978-7-101-07308-9
定　　价　23.00 元

迷悟一念之间 ···

从二○○○年四月一日开始，我每日提供一篇"迷悟之间"的短文给《人间福报》，写了近四年，共一一二四篇。也于二○○四年七月结集编成十二本书，由台湾的香海文化出版。

此套书截至目前发行量已近两百万册。曾持续被《亚洲周刊》、金石堂、诚品等书局列入畅销书排行榜，三十一位高中校长联合推荐，以及许多读书会以此书作为研读讨论的教材，不少学生也因看了《迷悟之间》而提升了写作能力等等。

由于此套书具有人间性和普遍性，深受海内外人士的喜爱，除了中文版，其他国家语言的版本有：英文、西班牙文、韩文、日文……全球各种译本的发行量突破了五十万册。尤其难得的是，大陆"百年老店"中华书局也要在二○一○年五月出版中文简体版，乐见此套书能在大陆发行。

曾有几位作家疑惑地问我："每日一篇的专栏，要持续三四年，实非易事！你又云水行脚，法务倥偬，是怎么做到的呢？"

回顾这些年写《迷悟之间》的情形，确实，我一年到头在四处弘法，极少有完整的、特定的写作时间。有时利用会议或活动前的少许空档，完成一两篇；有时在跑香、行进间，思绪随着脚步不停地流动；长途旅行时，飞机舱、车厢里，更常是我思考、写作的好场所。

每天见报，是一种不可推卸的责任；读者的期待，则是不忍辜负的使命。虽然不见得如陆机的《文赋》所言："思风发于胸臆，言泉流于唇齿"，但因平时养成读书、思考的习惯，加上心中恒存对国家社会、宇宙人生、自然生命、生活现象、人事问题等等的留意与关怀，所以，写这些文章并不是太困难的事。倒是篇数写多了，想"题目"成了最让我费心的！因此，每当集会、闲谈时，我就请弟子们或学生们脑力激荡，提出各种题目。只要题目有了，我稍作思考，往往只要三五分钟，顶多二十分钟，就能完成一篇或讲理述事、或谈事论理的文章。

犹记当初为此专栏定名时，第一个想到的名称是"正邪之间"，继而一想，"正邪"二字，无论是文字或意涵，都嫌极端与偏颇，实在不符合佛教的中道精神，遂改为"迷悟之间"。我们一生当中，谁不曾迷？谁不曾悟？迷惑时，无明生起，烦恼痛苦；觉悟后，心开意解，欢喜自在。

其实，迷悟只在一念之间！一念迷，愁云惨雾；一念悟，慧日高悬。正如经云："烦恼即菩提，菩提即烦恼！"菠萝、葡萄的酸涩，经由阳光的照射和风的吹拂，酸涩就可以成为甜蜜的滋味。所以，能把迷的酸涩，经过一些自我的省思、观照，当下就是悟的甜蜜了。

曾经有些读者因为看了《迷悟之间》而戒掉嚼槟榔、赌博、酗酒的坏习惯；也有人因读了《迷悟之间》而心性变柔软，能体贴他人，或改善家庭生活品质，甚至有人因而打消自杀的念头……凡此，都是令人欣慰的回响。

《六祖坛经》里写道："不悟，佛是众生；一念转悟，众生是佛。"迷与悟，常常只在一念之间！祈愿这一千余篇的短文，能轻轻点拨每个人本自具足的清净佛性，让阅读者皆能转迷为悟、转苦为乐、转凡为圣。

星云

二〇一〇年二月

于佛光山法堂

星云大师传略 ···

　　星云大师，江苏江都人，一九二七年生，为禅门临济宗第四十八代传人。十二岁于宜兴大觉寺礼志开上人出家，一九四九年赴台，一九六七年开创佛光山，以弘扬"人间佛教"为宗风，树立"以文化弘扬佛法，以教育培养人才，以慈善福利社会，以共修净化人心"之宗旨，致力推动佛教文化、教育、慈善、弘法等事业。

　　在出家一甲子以上的岁月里，大师陆续于世界各地创建二百余所道场，并创办十八所美术馆、二十六所图书馆、四家出版社、十二所书局、五十余所中华学校、十六所佛教丛林学院，以及智光商工、普门高中、均头中小学等。此外，先后在美国、中国台湾、澳洲创办西来、佛光、南华及筹办中的南天等四所大学。二〇〇六年西来大学正式成为美国大学西区联盟（WASC）会员，为美国首座由华人创办并获得该项荣誉之大学。

　　一九七七年成立"佛光大藏经编修委员会"，编纂《佛光大藏经》、《佛光大辞典》。一九九七年出版《中国佛教白话经典宝藏》，一九九八年创立人间卫视，二〇〇〇年创办佛教第一份日报《人间福报》，二〇〇一年将发行二十余年的《普门》杂志转型为《普门学报》论文双月刊，同时成立"法藏文库"，收录海峡两岸有关佛学的硕、博士论文及世界各地汉文论文，辑成《中国佛教学术论典》、《中国佛教文化论丛》各一百册等。

大师著作等身，总计二千万言，并翻译成英、日、西、葡等十余种文字，流通世界各地。于大陆出版的有《佛光菜根谭》、《释迦牟尼佛传》、《佛学教科书》、《往事百语》、《金刚经讲话》、《六祖坛经讲话》、《人间佛教系列》、《星云大师人生修炼丛书》、《另类的财富》等五十余种。

大师教化宏广，计有来自世界各地之出家弟子千余人，全球信众则达数百万之多；一生弘扬人间佛教，倡导"地球人"思想，对"欢喜与融和、同体与共生、尊重与包容、平等与和平、自然与生命、圆满与自在、公是公非、发心与发展、自觉与行佛"等理念多所发扬。一九九一年成立国际佛光会，被推为世界总会会长；于五大洲成立一百七十余个国家地区协会，成为全球华人最大的社团，实践"佛光普照三千界，法水长流五大洲"的理想。二〇〇三年通过联合国审查肯定，正式加入"联合国非政府组织"(NGO)。

大师自一九八九年访问大陆后，便一直心系祖国的统一。近年回宜兴复兴祖庭大觉寺，并捐建扬州鉴真图书馆、接受苏州寒山寺的赠钟，期能促进祖国统一，带动世界和平。

大师对佛教制度化、现代化、人间化、国际化的发展，可说厥功至伟！

目 录

人生之喻

每一个人从呱呱坠地，到老死辞世，就是人的一生。

人生像什么呢？有许多的譬喻，试列如下：

第一，人生如舞台。舞台上有各种角色：生旦净丑、忠奸善恶，各种人物合力演尽了人生的悲欢离合。但是一旦舞台落幕了，一切都归于空幻。

第二，人生如逆旅。人生就像旅馆，我们暂居世上数十年岁月，一旦离开旅馆，所有一切都不是自己的东西。

第三，人生如梦幻。梦，有美梦、有噩梦；梦中上山下海，周游列国，但是到头来都只是"黄粱一梦"。

第四，人生如浮萍。在水中的浮萍，正如人生在世，漂泊不定、聚散无常，毫无着力之处。

类似这种无常的譬喻，另有：人生如露珠、人生如闪电、人生如流星、人生如花朵，这是说明人生虚幻、空无、无常。这些譬喻似乎把人生说得一点意义也没有，但事实上也不尽然，人生也有积极面的比喻，例如：

第一，人生像太阳。晨起，朝阳在人们的期盼中缓缓升起；黄昏后，又在人们的依恋中悄悄落下。但这并非意味着没有希望，因为明晨太阳又会再度东升，又能温暖人间、普照大地。

第二，人生如战场。战场上有输有赢、有败有胜。失败固然令人沮丧，但当胜利的希望来临时，人生的理念也会有实践的时刻。

第三，人生如大海。大海波澜壮阔，包容万有。大海里，船过不留痕，鱼行不留声。大海给人方便，给人包容。在大海里，我们可以任运悠游。

第四，人生如流水。涓涓细流，穿山越岭，给人滋润。瀑布奔腾，也能为人间写下雄壮的画面。

积极向上的人生譬喻，还有：人生如晴空、人生如诗画、人生如谜语、人生如高山，这些都能为各种人生谱出有意义的篇章。

其实，真正的人生应该是像一盘棋！人可以不下棋，但不能不走人生的棋。人生的棋子走错了，满盘皆输；人生的棋路顺的话，就会成为赢家。

人，要想在"如棋"的人生中成为赢家，必须"理想高、眼光远、心胸宽、脚步稳、无私无我",如此才能看清全盘,才能无碍地走完人生的这一盘棋。

认识时间

值此新旧千禧年交替之际，许多人在面临这"千载一时"的跨世纪时刻，难免生起怀古慨今、千年一瞬的心情，于是纷纷开始思考有关"时间"的问题。

报载，美国将建造一座价值千万美元的"现代长远钟"，它一年滴答一声，每世纪钟响一回，希望藉此提醒繁忙的人类，把步调放慢，将思考超脱快速的科技，以及因忙乱所造成的近利短视。的确，正确认识时间、善用时间，已是现代的我们，认真思考与重新调整的课题。

在现实的生活中，有人感到时间不够使用，只能分秒必争；也有人觉得光阴漫长痛苦，感叹度日如年。你看，有人将时间用于功名利禄，忽略家庭的亲情培养；有人将时间用于声色犬马之中，舍弃自我的学习进修。如果学生不耐课堂上一日一日地听闻，他年如何知识广博？如果农人不愿田地里一次一次地播种耕耘，岁后如何采收果实呢？由此可见，同样的时间，如果不懂珍惜运用，"蜉蝣朝生暮死而不怨，人生百年寒暑而不足"啊。

曾有人问泽安禅师如何处理时间，禅师回答："此日不复，寸阴尺宝。"历史上，夏禹不重径尺之璧，而爱每日寸阴。有人感叹人生七十古来稀，有人奋发人生七十刚开始，掌握时间的人，就拥有人生。

"疲惫不堪的人路远，不能入眠的人夜长，不解真理的人生死遥远"。善哉斯言！我们当知，"过去"的时间已经悄悄消逝，永不回头；"现在"的时间像箭一般地飞走，转眼即失；"未来"在犹豫中慢慢地接近，忽然之间又擦身而过。诚如古德所说"一日的生命，比三千世界的财宝珍贵"！

其实，只要我们能够认识时间、善用时间，就能够从分秒、日月的时间里破茧而出。懂得把握当下、珍惜此刻，仿效先贤所说的三不朽，自然可以在立德、立功、立言中，体证"刹那即永恒"的生命。而宝贵的光阴，岂会限囿于"现代长远钟"的一年滴答一声、每世纪钟响一回呢？

得失之间

　　得失之间，是欢喜？是悲伤？你有过这种经验吗？

　　日前报载，日本一位家庭主妇因为女儿没有考上明星幼儿园，愤而将邻居考上的女童勒毙；中国台湾高雄县一名员工因为老板怀疑他偷工减料，怨恨在心，引发杀机；浙江省一名女子因与男友仳离，把所有和男友来往的女性朋友下毒害死；旧金山一位学生因为课业繁重，而杀死逼他读书的母亲。仔细推敲，这些都是因为得失心重而惹出来的祸端！

　　其实，人生的过程，有得有失，得失参半：经商，有赚有赔；事业，有起有落；计划，有成有败；比赛，有胜有负；股票，有涨有跌；成绩，有高有低；地位，有上有下；际遇，有好有坏。松柏竹梅，必须经历风霜雨雪，才能茁壮成长；身而为人，怎能要求一帆风顺、平步青云呢？

　　语云："塞翁失马，焉知非福。"不要在得失上太过认真计较，爱迪生因为被打了一个耳光，因而耳聋，所以能够集中意志，发明电力，创造了人间美好的成就，你说，他的耳聋，是得呢？是失呢？偈云："麝因香重身先死，蛾因丝多命早亡。"能臣部下猜中主管的心事，也会遭嫉被害。你说，他的聪颖，是得呢？是失呢？

得失，可以说是人类事业上的考验，不要因一时的得失影响一生的期许。得失是一时的，理想是一生的。

纣王因为得到美丽的妲己，丧失了国家，是得？是失？秦始皇统一六国，最后引起诸侯战争，终于亡国，你说，是得？是失？

得失！得失！我们奔名驰利，即使得到了全世界，却失去了民心，又有什么意义呢？得失！得失！如果人人用来自我检讨，策励未来有得无失，那将是多么美好的事啊！

经云："应无所住，而生其心。"因为无住，而无所不住。太阳住在虚空之中，太阳的威力不是很大吗？我们的心，不要有所住，尤其不要住于色、声、香、味、触、法，那就能心住虚空，量遍沙界。所以，我们可以反省得失之因果关系，切不可有得失之心啊！

创造知的美好

　　我们每天想增加一些新知，但是翻开报章杂志，都是揭人隐私、黄色绯闻、奸杀掳掠、枪械绑票的消息，已到了令人怵目惊心的地步。为了得到当天的新知，打开电视，也都是杀人、淫秽、诈骗、吸毒的报道，只得掩报不看，关了电视，不禁想到老子说的"不如无知"。

　　刚到机关上班，各种报告，人我是非，互相倾轧，计较比较，打压毁谤。各种不平和怨声，不知如何处理，不禁令人长叹："不如无知！"

　　电话铃响，拿起听筒，这家周转不灵，那家即将倒闭，有的抱怨生意难做，有的诉苦商场艰苦……凡此种种，唯有"不如无知"，才能表达心中的痛苦。

　　好不容易等到下班回家，太太围着诉说物价上涨，亲友告贷。太太啰嗦未完，儿子从学校回来，问道："大人们平常都教我不要骂人，为什么官员们相骂：'夭寿'、'袂见笑'……？"直叫人难以回答，只有仰天长啸："不如无知！"

人在年轻时，读书求学，应付考试，挑灯夜战，种种压力，只为了求"知"。及至走入社会，所见所闻，人心险恶，处处陷阱，越来越感到"知"得越多，烦恼越多。

知，本来多么美好！现在能知道未来，此处能知道彼处，阅读历史可以知道过往的事物，研究科技可以知道宇宙的奥妙。

但何其不幸，我们眼见耳闻，好像乌云蔽日，一片黑暗无光，"知"的恐怖叫你不寒而栗。

当然，我们不能因为"知"有痛苦，干脆"无知"，好让六根清净。只有希望大家重新换个角度，创造"知"的美好，让我们的电视所播出的都是美好的山水景物、美好的人事来往；让我们的报刊所报道的，都是一些见贤思齐、净化心灵的美事；让我们为民施行的德政，被人歌颂；让我们的社会表现出来的公义，被人赞叹；让我们感受到的都是和风吹拂、春暖花开般的温馨。

我们要歌颂"知"的美丽，也要礼赞"知"的欢喜。请大家舍去不如无知的烦恼吧！

奇妙的好事

　　好事不出门，坏事传千里！从古人的"隐恶扬善"，到现在的"隐善扬恶"，似乎已是社会的通病。然而最近社会上发生许多奇妙的好事，也值得我们广为宣传。

　　早在半年前，因为脑溢血延误就医而被医师判定为植物人的杨富义先生，目前奇迹式地苏醒，虽然目前只能以微笑或握手表达情感，负责照顾他的创世基金会表示，希望继续帮助他恢复说话能力。

　　无独有偶，远在美国新墨西哥州的布尔女士，十六年前在生下第四个孩子后，不幸变成植物人，却在一九九九年圣诞节前夕突然醒来，此事不但令她的子女喜极而泣，也带给同样有亲人为植物人的家属再度重燃希望。

　　在九二一大地震中被震倒的白毫禅寺，是一所青少年的中途之家，现在为了重建，发起义卖活动，各界纷纷响应。

　　法鼓山圣严法师于元月二十二日为六十四对新人在士林官

邸主持佛化婚礼，别开生面的仪式令社会大众耳目一新，因而对佛教有了新的观感。

美籍华裔学生胡宇帆，在美国开发了三颗全球最迷你的人造卫星，未来可望引领人造卫星走入新领域，造福社会人群。

去年六月，二只领航鲸因故在美国的海滩搁浅，经过密斯提克水族馆的科学家细心照顾，恢复健康后，又细心地护送它们返回大西洋。美国人民爱护动物、尊重生命的善举，获得世人一致的赞叹。

一件件温馨感人、振奋人心的奇妙好事相继从世界各地传出，可见我们的社会到处有好人好事。

希望以后这种温暖人心的奇妙好事都能成为媒体报道的焦点，以带动社会善良的风气，让我们的社会今后更能不断有奇妙的好事流传。

幽默的风趣

　　二十一世纪的今日社会，科技文明带来了生活上的诸多便利，然而物质可以丰富生活，却也常会枯萎了心灵；口腹之欲满足了，却往往反而闭锁了本具的智慧。

　　幽默，是现代人美满生活的源泉，是你我人际关系的润滑剂。人间需要有幽默，有幽默才有风趣，有幽默才有智慧。

　　幽默不是讽刺，它是智慧的言谈，一句幽默的话语，蕴含着无限的深意和启发；幽默不是嘲笑，它是自我的调侃，一个幽默的动作，传达了无限的温馨和关怀。

　　幽默不是令人难堪的"直指人心"，幽默是一颗充满悟性、灵巧、活泼与睿智的禅心。幽默能化解尴尬，带来愉悦。圆瑛大师的"不用打了，我自己会走"，何等洒脱自在！罗贯中的"古今多少事，尽付笑谈中"，何等放旷逍遥！

　　幽默有如山中的清泉，可以洗涤心灵的尘埃；又如天上的白云，任运逍遥，不滞不碍。人与人之间，需要的是多一点的禅心幽默，尤其现代人往往在一种不自觉的意识下被推动着向前，善恶是非的标准，都是社会共同的决定，没有个人心智的真正自由。所幸有了幽默，幽默是一颗禅心，幽默像太阳的热能一样，只要有心，到处都有自己的热能。

幽默有时候就像一位慈祥敦厚的长者，令人如沐春风；幽默有时候又像悄然开放的花朵，带给人春意满怀。一代幽默大师卓别林，他那自我嘲弄的幽默，带给世人无限的快乐，留给后人无限的缅怀。

在佛教里，古来多少禅林大德，如佛印禅师、赵州禅师等，没有一个不是幽默大师。近代文学大家林语堂、鲁迅，他们的文章语带幽默讽刺，却谐而不谑，他们的风趣洒脱、超然淡泊，均为人间注入了一股清凉。希望现代的社会，也能够再多出几位幽默大师，以为人间多平添些许的趣味，带来真正的祥和欢喜。

美好的随喜

　　社会上，多少人慈悲为善，救助伤残，我给予随喜赞助；社会上，多少人励精图治，建设功业，我给予随喜赞美。"随喜"真是美好而有德的行为。

　　做好事，说好话，我虽然没有能力为之，但是你做了，你说了好话，做了好事，我很欢喜，我"随喜"赞叹。佛说：果能如此，其功德与亲自去做没有分别。可见"随喜"在为人处世之道上的重要。

　　遗憾的是，现在的社会，有"随喜"美德的人毕竟太少了，大部分的人都是幸灾乐祸，不肯随喜的居多。例如，你有钱而资助伤残孤老，他批评你所做的只是"九牛一毛"；你经济拮据，但对善事也赞助若干，他说你"打肿脸充胖子"。整个社会因为没有养成"随喜"的习惯，到处任意批评、肆意践踏，这样的社会哪里有好人好事呢？

　　这个社会，你好、你善、你大、你富，我嫉妒你；你贫、你

穷、你笨、你愚，我看不起你。你不行善，我来行善，你批评我
不是；我待人慈悲，你不慈悲，你说我慈悲不够。任凭你怎么
做，他都要中伤、批评，令人不禁想问：你希望这个世界，你不
行，他不行，大家都不行，难道要大家同归于尽吗？

民族复兴，社会进步，端赖我们养成"随喜"的性格。你兴
办功业，救助弱小，我乐于随喜赞助；你办报纸，我随喜订阅；
他办电台，我随喜收看；你修桥补路，我随喜充当义工，共成
善举；他恤孤济贫，我随喜给予宣扬，成就好事。"随喜"的世
界，无比美好。

因此，希望今后的社会大众，大家都能随喜说好话、做
好事，对于善事义举都能随喜参加、热心拥护。如果整个社
会大众都能养成随喜的性格，社会岂不是一片祥和，岂不是
人民之福！

给的价值

世界上，懂得布施给别人的，就是最富有；世界上，只会贪图别人给自己的，就是最贫穷。

一般人，给自己很容易，给人很难。但是，如果不播种，怎么会有收成呢？如果不给人，怎么能富贵呢？

"给"，是世界上最美好的事，给人一句好话，给人一个微笑，给人一分心意，给人一点服务。善的"给"予，美化了人生，净化了社会，"给"才能维系人间社会彼此之间的和谐。

我们自呱呱坠地，就接受了父母给予的慈爱呵护；入学读书，就接受老师给予的教育养成；走入社会，就接受大众给予的种种因缘。人家"给"我，我"给"予了别人什么呢？

有一些不当的人，也有反面的"给"：给人烦恼，给人伤心，给人难堪，给人障碍。如《四十二章经》说："仰天而唾，唾不污天，还污己身；逆风扬尘，尘不至彼，还坌己身。"把不好的给人，固然是"己所不欲，勿施于人"；即使把好的东西给人，也有层次上的不同：金钱的施"给"，还是比较容易做到；说好话给人赞美，就是难能可贵的美德；给人的佛法、真理、信心、无畏、平安、自在，才是无上的功德。

"给"的美德是不容易做到的，有的人"给"予社会一些资助，只是为了沽名钓誉；有的人给予社会一些奉献，只是想获得他人的回报；真正的"给"，如《金刚经》所说的"无相布施"，那才是最高的境界。

佛光山自开山以来，便一直以"给人信心、给人希望、给人欢喜、给人方便"；一切本诸"给"的原则，所以法务兴隆，道场充满了生气。

我们一生接受了别人"给"予我们多少因缘，我们也应该"给"予他人一些因缘。因为，人与人之间、团体与团体之间、社会与社会之间，唯有"给"，才有好因好缘，才是发挥了"给"的价值！

心灵的曙光

千禧年的第一道曙光，在全球人民的热情期盼、彻夜守候中，照亮了各个角落。当千禧的万丈阳光升起，冲破乌云，洒向大地，沐浴在光明下的人们，谁人不欢喜踊跃？任谁也感受到清晨的曙光照耀自己的心灵。

活在世间，真心受外境污染，我们被种种烦恼和物欲关锁捆绑，以致终日惶惶不安，难得一刻灵明清闲。

在我们周遭，你看，有的人习惯困坐愁城，陷在心灵炼狱中自我折磨；你看，有的人因为执着自我的主观，不肯接受新知而作茧自缚；你看，有的人则是陷入野心的沟壑，成了贪婪的囚徒；你看，有的人却为物欲所牵，逼迫自己陷于欲望的牢笼。

然而，每当午夜梦回，又多么企盼能有一道心灵的曙光，可以驱走无明黑暗里的仇恨、贪欲、疑嫉与无边的烦恼痛苦。

《心王铭》说："清净心智，如世万金；般若法藏，并在身心。"至圣孔子虽然饭疏食、饮水、曲肱而枕之，依然享有"乐亦在其中"的欢喜。历代缁门背叛师父的弟子，因悔悟而回头，感到"前念无知，后心有愧"的觉醒，都是因为有心灵的曙光。唐太宗即使贵为天子，犹懂得知人善用，尤其对大臣们的谏言能够"从善如流"，这也是唐太宗有心灵的曙光。佛世时无恶不作的乾达多，也因"一念慈心"放生脚下的蜘蛛，后来才有脱离地狱苦海的机缘。假如没有心灵的曙光，何能至此？

古德云："不怕妄心起，只怕觉照迟。"觉照就是心灵的曙光，所谓福至心灵、拨云见日、柳暗花明、枯树逢春，那种觉悟开通、心明意解地清醒，就是我们心灵曙光的显现。

红尘滚滚，举世滔滔，让我们一起点亮内心的曙光，展现我们本具的性灵觉知。能够在瞋恨的时候散播慈悲的种子，在仇视的时候施予宽恕的谅解，在怀疑的时候培养信心的力量，在黑暗的时候点亮般若的火花，在失意的时候提出明天的希望，在忧伤的时候给予喜悦的安慰。不为猜疑所惑，不被私心障蔽，因为真理从清醒而来，善良从慈悲而来，人性之美也从心灵的曙光而来。

爱的真谛

　　爱是自私的，爱也有奉献的；爱是染污的，爱也有清净的；爱是狭隘的，爱也有宽广的；爱是愚痴的，爱也有超越的。

　　有爱就有力量，有爱就有希望。因为爱是人类与生俱来的本能，只要合乎法律、善意、道德，爱就非常的珍贵，所谓"有爱走遍天下，无爱寸步难行"。

　　夫妻之间要相亲相爱、亲子之间要相敬相爱、朋友之间要惜缘惜爱，如系菩萨，更要"无缘大慈，同体大悲"，有爱才能广结善缘，有爱才能生起善心。

　　爱维护了伦理，爱制定了秩序：父母、夫妻、子女、朋友之间，是靠爱来维系关系，是靠爱来制定层次。爱是双向的，真正的爱是要成全对方、祝福对方，爱不是占有，而是奉献。小爱是爱与自己有关的，大爱是爱与他人有关的；真爱是爱真理、爱公理、爱国家、爱世界、爱人间的和平。

　　在爱的前面，不能不有所分别，不当爱的东西不可爱，不

目中有人助缘多，口中有德福报多，
耳中清净和谐多，心中有佛欢喜多。

香远益清
一九九三癸酉之秋张克斋画

把握当下，才能创造继起的生命；
展望未来，应该把握当下的机缘。

当爱的人不可爱，不是善事和善缘不可乱爱。爱，要爱得正当，正当的时间、正当的地方、正当的人、正当的事。

眼看今日的社会，滥用了爱，丑化了爱。你看，对美色的贪爱，辣手摧花；对金钱的贪爱，窃盗贪污；对不应该为自己所有的，非法侵占。不是好因好缘的，爱会害人害己，爱也能造成罪恶。

就拿男女婚姻为例，有人说，意大利人结婚是歌剧，法国人结婚是悲剧，英国人结婚是喜剧，美国人结婚是闹剧，亚洲人的很多婚姻则被评为"丑剧"。因为婚姻是以爱作为基础的，没有懂得爱的真谛，就是有问题的爱了！

爱得适当，能成就他人，能成就功德，能成就人间的真善美好。反之，爱得不当，则陷人于不义，搞得天下大乱。永浴爱河，要真正是美满的姻缘；爱欲泛滥，就不堪设想了。

要用慈悲净化所爱，要用智慧领航所爱，要用善美成就所爱，要用德行加持所爱。人的生命从爱而来，我们更应用纯爱、真爱、慈爱、净爱，来庄严美好的人间。

力争上游

大自然里，鲑鱼为了产卵，逆流而上，故能繁衍下一代；性能良好的飞机，在恶劣的天气中也能逆风而行，故能抵达目的地；一根小草，为了生存，在墙缝中都能展现生命力；菊花虽然凋谢了，但是它的枝干仍然在风雨中傲然挺立。

所谓"水往低处流，人往高处走"。宇宙世间，但看动植物都能"力争上游"，生为万物之灵的人类，怎能不努力奋发呢？

自然界，梅花越冷越芬芳，荷花越热越迷人。人世间，多少寒门士子，千辛万苦，赚钱孝养父母；多少青年学子，十载寒窗，为了扬眉吐气。所谓"没有天生的释迦，没有自然的弥勒"，每个人都是要靠自己"力争上游"，不断地耕种辛苦，才能获得成功。

经云：人人都有佛性，人人都是菩萨。但是菩萨有五十一阶位，还是要经过自己努力修行，精进不懈，才能圆满果位。

台湾地区自抗日胜利光复后，筚路蓝缕，人民生活艰难，靠着民众"力争上游"，才有目前的经济繁荣；政治上，多少政治精英，不怕牺牲，奔走呼吁，才有目前免于白色恐怖的民主自由。

看到烧饼油条店的工作人员，天未亮便起床烧烤做活，只为了争取清晨的生意。深夜里，清道夫不畏寒意辛苦扫街，只为了让大家有整齐清洁的明天。世间上，各行各业无不充满了艰难困苦，但是只要自己肯"力争上游"，行行都能出状元。

飞鸽千里传书，才有人豢养；骏马万里奔驰，才有人喜爱。世界上无论什么人，要想出类拔萃，都要"力争上游"；要想树立自己的形象，要能站在人前，获得别人的喝彩，非"力争上游"莫办。

如何力争上游呢？立志发愿、勤劳服务、发心奉献、慈悲喜舍、欢喜结缘、忍辱精进、积极勇敢、乐观进取、惭愧忏悔、持戒利人、正直为公等等，都是我们力争上游的资粮。资粮若备，何愁不能长途远征？

人生的三间

在人间的生活当中，"三间"最重要！"三间"如果处理得好，幸福安乐；处理不好，烦恼无边。所谓"三间"：

第一是时间。守时的人生非常重要，对于约定的时间要遵守，所以有谓"限时专送"、"限时完成"、"限时履约"。时间对我们非常重要，从小我们都读过："日历日历，挂在墙壁；一天撕去一页，我心多么着急。"因为人生一世，有一定的时间，一年复一年，一日复一日，人生几何？怎能不重视时间呢？

第二是空间。空间对人生非常重要，从小我们就知道要争取一个座位、争取一个床铺，总希望能有多一点的"空间"。及至进入社会，争土地、争房屋，也是希望自己多拥有一些"空间"。多少人为了争"空间"而闹上法庭；路边经常可见一些交通事故的现场，有人在争执，也是为了"空间"的计较。甚至国与国之间，为了领土空间而战争，死伤无数。虽然是宇宙宽广，夜眠不过八尺，但是谁愿意放弃"空间"呢？

　　第三是人间，也就是人与人之间。人我之间如果关系良好，相助相成，这是很大的福分；如果相嫉相斥，则痛苦不堪。

　　人我之间，重要的是相互尊重、包容、谅解、帮助，如果有一方不能体谅另一方，则人我之间必然会发生问题。相爱的夫妻闹婚变，就是不善于处理"人间"；多年的朋友反目成仇，他们的"人间"必然有了问题。所以，人我之间如果不能恰如其分，不能合乎情理，就会产生烦恼。

　　其实，每一个人都只是世间的一半，甚至是三分之一；"我"以外还有一个"你"，你以外还有一个"他"，你我他之外，还有周遭接触的各种人等，所以人与人之间，是一个多么难处理的问题啊！

　　人生三间，对于时间的流转，除了自己遵守时间以外，由不得我来掌控。至于空间的运用，各有各的据点，每一寸空间都有它的主人，我们不能不以合法来拥有。只有人我之间，端看我的智慧、本领、福德因缘；我应该把多少给予人间，才能和谐人间？

　　如果我能圆融人我之间，人间就会回报我以安乐。所以，人生三间，我应该如何游走呢？就看我们的智慧与修养了！

勤劳的结果

语云"一勤天下无难事"；又说"勤有功，戏无益"；西谚也谓"黄金随潮水而来，也要早起去捞它"；此皆说明，做人要勤劳，唯有经过自己努力流汗耕耘的结果，才会甜美丰实。否则再好的良田，如果不勤于耕种，如何能有收成？

然而，一般人不能认清这种因果道理，每天只想不劳而获，于是盗骗偷抢、贪污舞弊、非法侵占、恶性倒闭、绑票勒索等等，无所不用其极，结果不仅自误一生，而且造成社会问题，贻害大众，罪过不可谓不重。

"懒惰"是最不道德的行为，因此过去台湾地区提倡"勤政廉明"，对于讲究清廉的单位，办公室就叫做"廉政室"；讲究勤劳的单位，就叫做"勤政堂"；乃至于一般的升官晋级，也要考核他的勤能。

现在一般人都希望自己发财，其实只要肯勤劳，就是一种财富；不勤劳，即使拥有万贯家财，也会坐吃山空。所以勤劳本身就是宝，养成勤劳工作的习性，当下就是个富有的人。

《青年守则》上说："人生以服务为目的。"我们在社会上做事，要想让主管看重、肯定，首先要有勤劳的美德，遇事要积极主动。一个人不怕能力不如人，所谓"勤能补拙"，怕的是懒惰懈怠，无所事事，必然一事无成，所以经云："在家懒惰，失于俗利；出家懈怠，丧于法宝。"

懒惰懈怠固然不好，但是勤劳也要有正面的意义。有的人通宵达旦地在牌桌上奋战不懈，有的人整天全神贯注于股票看板上，甚至飙车竞技等等，这种错用了精神体力，不仅自己劳神伤身，而且无益于世，此即不名为勤劳。

在佛教里有所谓的"四正勤"，即："未生善令生起，已生善令增长；未生恶令不生，已生恶令断除。"这种向上、向善，而且以自利利人为目标的努力，就是正精进。例如：赵州八十犹行脚、法显以六十多岁的高龄还到西域求法、孙中山先生身患肝病仍到北京研商国是、孔子困于陈蔡依然与弟子坐谈论学等，这种勤劳为众、有人无我的精神，就是菩萨发心。

其实，好逸恶劳是一般人的通病，然而贪图一时的安逸，却往往种下痛苦一生的结果。反之，一时的辛劳，往往有意想不到的收成，"葡萄架下的故事"，正是我们最好的启示。

守法的重要

　　国家的安定，社会的秩序，都是靠法律来维系，所谓"国有国法，家有家规"，甚至军人有军人法，宗教有宗教的戒律等。

　　如果一个国家的最高立法机构本身不尊法重治，必然减弱国家运作的功能。法院是专责执行法律的地方，如果法官也徇私舞弊，则法律不公，政府无以服众。

　　在民主国家里，选举有选举法，银行有银行法。如果选举法不彰，则选举就会不公；如果银行法不公，经济就会混乱。目前备受关注而与大众生活息息相关的广电法，就因为内容不够周全，致使业者与消费者双方意见丛生，难以平息。

　　事实上，守法守戒究竟是自由呢？还是束缚呢？表面上看起来，戒律、法令都是给人某些方面的限制，但是，唯有守法才能自由，不守法就会丧失自由！例如，犯了佛教的五戒：杀生、偷盗、婚外情、造谣、吸毒等，就会锒铛入狱，不得自由。因此，一个国家，军人守军人法，工商守工商法，记者守记者法，各宗教徒守各宗教徒的法。唯有社会大众皆养成守法的习惯，国家才能长治久安。

说到守法，必须从上而下。居上位的人如果游走法律边缘，以权越法，以势压法，以便违法，则国家不成法治国家，社会不成法治社会，自然乱象纷陈。因此，今日世界，凡是进步繁荣的国家，都是法律严明；凡是进步成长的优秀团体，也都有一套严谨的管理法。

在法治的国家里，一个红灯，它就是代表着不能通过，这是法律的权威，也是安全的重要；一条斑马线，行人优先通过，斑马线的权威于焉树立；一个禁止通行的牌子，甚至一条绳索拦阻，虽然牌子绳索本身没有价值，但是它就是代表法律的权威，因此不能不重视。

所谓"不依规矩，不能成方圆"！一个人的健全，一个社会的有序，一个国家的强盛，唯有人人守法，方可致之！

成败之间

　　商场上，企业的经营，赚钱就是成功，蚀本就是失败。学术界，科学的试验，能够达到目标，就是成功；不能完成任务，就是失败。

　　世间上，多少人一心追求成功，害怕失败；所谓"成者为王，败者为寇"，成败之间，造成了"几家欢乐几家愁"。

　　青年学子参加联考，莫不希望金榜题名，此谓之成功；不幸落第，谓之曰失败。军人作战，一举歼灭敌人，凯旋而归，谓之胜利；不幸领土失落，伤亡惨重，谓之失败。即如今日的警察，扫荡非法，逮捕罪犯，谓之成功；悬案未破，冤情未白，谓之失败。

　　有人将成功，归之于命运，有人把失败，怨恨自己生不逢辰。即连现在的民主选举，当选者归功于祖坟风水好，失败者归之于选民没有眼睛。

　　成功失败，不在于风水，不在于命运，不在于神鬼，甚至不在于别人破坏。成功的条件，在于自身之健全。

商人所以生意赚钱，必定做过市场调查，资本雄厚，因缘具足；军人之能荣耀沙场，必然训练有素，忠贞勇敢，团结一心；学生得以榜上题名，必经寒窗苦读，立志发愿，精进不懈。

其实，成功的定义，人各有异，所谓不能以成败论英雄。自古以来多少失败的英雄，其实是真正的成功。如关云长、岳飞、文天祥、史可法，他们赤胆忠心、舍生取义，却赢得了千古美名，这就是成功。夏桀、商纣，虽然贵为一国之君，但因荒淫无道，残暴不仁，留下千古恶名，因此看似为君为王，实则失败矣！乃至伯夷、叔齐，虽然饿死首阳山，但是他们崇高的人格却永远活在人们的心中，他们虽是饿夫，但也是成功的。

胡适之博士说："要怎么收获，必先怎么栽。"佛教讲："如是因，必得如是果。"没有经过春耕夏耘，如何能有秋收冬藏呢？因此，一个人之所以成功，必有成功的原因；之所以失败，也必然有失败的理由。"成败之间"，操之在我，能不慎乎！

免于恐惧的自由

"人在家中住，祸从天上来"，在这个世间上，不知道何时天灾人祸降临在你的身上，危险恐惧，无所不在。

走在路上，不小心的擦撞，可能遭到别人的一刀；无意地看一眼，可能一拳打在你的脸上。白天大路开车，我不撞人，人来撞我；夜晚小巷行走，我不侵人，人来侵我。明地扒手嚣张，暗处躲有色狼，这样的生活，怎不令人心惊胆战？

一次地震，因为建筑偷工减料，导致大楼崩塌，我住的房子，不知安全与否？一次台风，因为山坡地水土流失，造成房屋倾圮，我每年都要经历几次？邻居祝融肆虐，我家徒遭鱼池之殃；当街枪战发生，有人受流弹无谓波及。天灾、地变以及人祸引起的不安，无日无之。

目前艾滋病逐渐增多，肝疾患者已经成为排行榜之首，只要针头感染，捐血救人的一片好意，立刻化为乌有。勒索、绑票频传；学校内公共设施不周，交通车安全堪虑，小孩早上出门，是否平安回家，都令人担心害怕。

商场上，有人努力赚钱，却遭黑道恐吓；一般人追求合理财富，只因别人嫉妒、伤害而付诸东流。政治上，一篇莫须有的投书，一封匿名信的陷害，可能遭来多年的牢狱之灾。

此外，财团垄断农地，让农人愁眉不展，联考制度令学生寝食难安。公司营运不佳忧心裁员，经济不景气时唯恐失业。停车场缺乏，天天与拖吊车赛跑，以免违规受罚。饭后睡前打开报纸电视，杀戮血腥消息，令人触目惊心，对于水源破坏、空气污染，也只能无奈接受，真是到了"暗路不能走，独居不安全"的地步。

于此，我们期待人人享有免于恐惧的自由。唯有当局拿出革新时弊的魄力，政治上才能民主、清廉，司法上才能公正、公平。我们期待人人喊出正义之声，公权力才能申张，公共的安全也才有保障。我们更期待宗教的信仰受到重视，人心才能净化，道德方得提升，人人得享免于恐惧的自由。

人生十二问

　　人，必须时刻躬身自省，才能够修德进业。以下十二个问题，都是我们应该反省的问题，不知你是否问过自己？

　　一、我出生在人间，曾否做过有益于人间的事呢？

　　二、我对于父母师长的恩德，有尽心尽力地报答吗？

　　三、我享受世间各种好因好缘，回馈了多少呢？

　　四、对于师长、亲人、朋友、社会，我有亏欠他们吗？

　　五、世间给我衣食住行育乐的因缘，我是否也给他们因缘呢？

　　六、我明白我自己来是如何来？去是如何去的吗？

　　七、我可曾算过自己的内心世界，每天在天堂、地狱间来回多少次？

　　八、我能够说出自己每天如何在贪瞋愚痴疑嫉的生活中打转吗？

　　九、"吾日三省吾身"，我第一、第二、第三省是什么呢？

　　十、我在世间生活，如何才能欢喜自在呢？

十一、我应该如何消除烦恼，去除无明，找到真心本性呢？

十二、我如何安排今生今世的好因好缘呢？

以上人生十二问，包括我与他人的问题，我与社会、国家的问题。

我们每天都在想自己的利益，很少关心他人的福利。由于将自己建立在国家社会之上，所以弊病就多了。但看许多人遇到一点挫折，不肯先检讨自己，就先怨天尤人，甚至怪命运捉弄，不知此乃因自己的思想、行为、居心不正，所以经常生活在忧悲苦恼之中。

我们认为因果的道理是："命好心亦好，发达荣华早；心好命不好，一生能温饱；命好心不好，前程恐难保；心命都不好，穷苦直到老。"周利盘陀伽生性愚昧，因忏悔前愆，努力修持，终于成就道果；提婆达多贵为王子，因自私自利，破僧害佛，最后自食恶果。

观古知今，无论科技多么先进，我们必需要求自己，健全自己，才得以生存；我们必须反观自省，培植善缘，才能迈向佳境。

宽恕之美

历史上，许多宗教的圣者，如佛陀宽恕十恶不赦的提婆达多，耶稣宽恕出卖自己的犹大，不是他们善恶不分、好坏不明，此乃圣者的心肠，让我们看出"宽恕之美"。

近代史上，日本侵略中国，发动南京大屠杀，由于日本军阀对无辜的人民没有宽恕之心，故而战争结束半世纪，至今仇恨难消。明末清初，扬州十日，嘉定三屠，因为人与人之间没有宽恕之心，反清复明情绪高涨，人民前仆后继，造成满汉之间仇恨多年。

世仇，祸延多代，皆因彼此没有宽恕的雅量；有了宽恕，才能化解仇恨。正如春阳融化霜雪，爱语消除疑忌，何等美好！

然而现实生活中，常见一些父母，稍不如意，即宣告与子女脱离关系，其实何不多给子女一些宽恕与包容呢？老师过分体罚学生，甚至命令学生吃粪，如此没有宽恕美德，怎能获得学生的敬重之心呢？

一个国家社会，由于法官没有宽恕的美德，造成多少冤狱；因为警察没有宽恕的美德，增加多少民怨！此中说明，光靠法律不能解决问题，心中慈悲，才能化解怨恨；光凭言行不能给予德化，有了宽恕，才能感召人心。

浪子回头金不换，但也要看我们对浪子的宽恕；阐提重罪要他向道，也得我们肯接受他的忏悔。

春秋时代，楚庄王不因部将调戏爱妃而予处罪，终获该将以杀敌回报宽恕之恩；齐桓公不念一箭之仇而义恕管仲，终能九合诸侯，一匡天下，成就一代霸业。

小不忍则乱大谋！人与人之间，纵有小小的嫌隙，实不足以将它扩大。如果我们的社会家庭之中，夫妻之间、朋友之间、主管部属之间、父母儿女之间、政府人民之间，大家都能心存宽恕，则一个充满"宽恕之美"的社会，何其美好！

宽恕别人，只在一念之间，却能化戾气为祥和、化丑恶为善美！如此美好的社会，实有待全民共同努力，有以致之！

尊重生命

　　世间上最宝贵者莫如生命，任何生命都应该获得我们之尊重。杀生害命是最恶劣的行为，今人任意破坏生态，无视于环保的重要，这也是伤害生命的表现。

　　你看，一己的私欲可以引起战祸，一念的仇恨可以施予种种的酷刑。甚至亲人互相嫉妒，朋友彼此残害，不尊重生命已达到极点。为了口腹，生鱼片、焖活鳝、锉鱼、烤鸟、醉蟹、烹虾，语云"欠债还钱"，但欠命不知要还什么？

　　所谓"欲知世上刀兵劫，但听屠门夜半声"。古德苦口婆心地劝谏世人："劝君莫打三春鸟，母在巢中望子归。"又说："我肉众生肉，名殊体不殊。原同一种姓，只是别形躯。苦恼从他受，甘肥为我须。莫教阎老断，自揣应如何。"

　　其实，大自然一花一木，都有生命，一山一水，都有生机；任意丢弃一张白纸，随便倒掉一掬清水，都是没有惜物惜生的慈悲。可以穿三个月的鞋子，穿了三天就丢弃了；可以用两年的沙发，任由儿童恣意跳跃，三个月就破坏了。父母子女都不知惜物，怎么会惜生呢？因为万物都有生命啊！还有幼儿从小就让他任意玩弄蜻蜓、蜘蛛、小鱼、小虾，直至死亡为止，从小就养成不知尊重生命的习惯，将来残杀人命又何能例外呢？

眼看今日的社会，不但杀人，连自己的生命都不懂得珍惜。"自杀"的愚痴，罪业更是深重，每天看社会传播"自杀"、"他杀"、"教人杀"、"见杀欢喜"，这许多幸灾乐祸的现象，实是整个人类最大的悲哀！

世间上，每一个人的人格都需要获得尊重，每一个人的拥有也都应该受到保护。现在的自由权、智慧权、财产权，都是无比重要，都应获得我们的尊重，何况生命？

因此，世间最宝贵者，即为尊重生命；最恶劣者，就是残杀生灵。我们在高呼"吾爱吾国，吾爱吾家"之余，岂能不惜生爱命乎！

公理在哪里？

自然界中，大鱼吃小鱼、猫吃老鼠、蛇吞青蛙、蜘蛛吃飞蛾，你说，公理在哪里？

在这世间，富者欺负贫者、聪明人欺负愚笨者、有力量的人欺负弱者、大人欺负小孩、明眼人欺负盲者、健全者欺负残障者，你说，公理在哪里？

在这世间，我有办法，我会把你的变成是我的；我有力量，我可以让你不能不为我奉献；我有权威，你不敢不听从我的命令；我有金钱叫法律听我的话，定你死活；你说，公理在哪里？

你是小人，因为我需要你，我会保护你；你是君子，因为我不喜欢你，我可以定你种种罪名；你是豪富之家的儿女，生下来就是金枝玉叶；我是贫民窟里的子弟，生下来就是贫穷卑贱；同样的生命，同样的生存权，只因为出生的背景不同，即刻分出贵贱；你说，公理在哪里？

世间上，政治上的人物，主流派的人，你可以为所欲为；

非主流派的人，却遭受种种打压，这有什么公理？世间上，所谓"有钱，能使鬼推磨"，又所谓"一文钱逼死英雄汉"，这有钱、无钱之间，有何公理？世间上，所谓"人善被人欺"，当白道遇到黑道，白道者硬是受黑道宰割，这有何公理？世间上，当良家妇女遇到黑夜之狼，受到欺负委屈，这有什么公理？

公理，公理，你说，公理在哪里？

在这世间，有人说：不合理的"非"，不能胜过"理"；再好的道"理"不能胜过"法"；"法"不能胜过"权"；但是"权"不能胜过"天"。"天"是什么？"天"，是最后的因果也！

"因果"是人间最高的真理，不管如何，贫富贵贱都要受到因果的制裁；"生死"是因果，管你什么人，最后都逃不了生离死别。希望世界上所有的政客、富豪、有权势者，你们应知道：善恶罪报，最后还是在因果之间！

要忍一时之气

忍辱是人生最大的修养。在世间上什么力量最大？不容分说，当然是忍的力量最大！所谓"忍一口气，风平浪静"。反之，"小不忍，则乱大谋"。一忍一气之间，关系重大。

"不能忍一时之气"，这是当前社会乱象的根源。很多人因为难忍一时之气，结果原本小小的口舌之争，最后竟演变为刀枪棍棒相向。甚至青少年血气方刚，往往睚眦必报，结果不但招来杀身之祸，整个家庭社会更因此弥漫着暴戾之气，究其原因，都是为了不能忍一时之气。

其实，忍一口气并非就是吃亏，忍一口气可能是最大的便宜。

所谓"忍"，对一般人来讲，忍寒忍热比较容易，忍饥忍渴也算不难，忍苦忍恼，还能勉力通过，忍一口气，那就大为不易了。例如：吴三桂忍不下妻妾被掳，冲冠一怒为红颜，而使将近三百年明朝的江山，断于他的一怒；周公瑾禁不起诸葛孔明的三气，因而短命身亡。反之，韩信，能受胯下之辱，励志奋发，终能拜将称王；苏秦，不耻于父母兄嫂不以其为子为叔，悬梁刺股，终能学有所成，身配六国相印。忍与不忍，其关系成败大矣！

忍，不是懦弱的表现；忍，是勇者的象征。一个人只要能够凡事忍耐，不逞一时之气，必能成功。今日社会，更需要人人有度量去容忍对方、接纳对方，是故要忍一时之气，不仅能和谐人际关系，更不会因此而铸下憾事。

拳头打出去，就没有力量了；把拳头一直缩在腋下，那才是一个有力量的人！

唐朝的寒山、拾得二位大士，有一天，寒山问拾得："世人秽我、欺我、辱我、轻我、贱我、恶我、骗我，我应该怎么办呢？"

拾得回答道："那只有忍他、由他、避他、耐他、敬他、不要理他，过几年你且看他！"

拾得的忍他，是一种智慧，是一种力量，是一种化解，是一种慈悲。在忍耐的世界里，没有瞋恨，没有嫉妒，只有和平与包容。所以，忍，是成功立业必要的修养。

佛陀在《遗教经》里说，一个不能欢喜忍受他人的辱骂、毁谤、欺凌如饮甘露者，就不能名为有力大人。慈悲之前无敌人，忍让之人没有对手喔！

非法非非法

　　宇宙万有,大如三千世界,小如芥子微尘,佛教皆名之为"法"。其中,有益于人者,称为"正法";无益于人者,称为"非法"。人生之所以痛苦,社会之所以混乱,正是因为许多人在"非法"中打转。例如:贪财,财富有了,还要贪杯买醉;贪名,名位有了,还想藉势欺人;贪吃,肚子饱了,还求山珍海味;贪爱,爱情有了,还去搞三捻四,沉沦欲海……以致起惑造业,作奸犯科,与"非法"为伍,人生怎能不苦呢?更有甚者,认为"非法"非"非法",社会怎能不乱呢?

　　像桃园一对父子因无力还钱而绑架债主之子,勒索巨款,嫌犯落网后,不但了无悔意,还声称:如此做是为了要教训对方做人不要嚣张自大。平镇乡一位乡民因与妻子口角,愤而杀妻弃尸,被警方逮捕后,居然说是"为了睡得安稳"。苗栗一名小学老师在网络上设立了七个色情网站,警方侦讯时,他竟狡辩是为了学习计算机。凡此"理歪气壮"的现象,不一而足,令人兴叹。

正当我们庆幸：民主社会尚可藉选举来拔擢贤才、整顿歪风时，某民选市长竟公然说道："飙车不是犯罪。"一时之间，舆论哗然。该市长又再解释：当时是以法律见解来探讨飙车问题。有人讥称：这是欲盖弥彰之说！古人云："王子犯法，与民同罪。"如今这位律师出身的市长却坚称"非法"非"非法"，不知该当如何？

所谓"人云亦云"、"积非成是"，现在社会最大的问题，不知非法，而更在颠倒是非，视"非法"为非"非法"。过去的非法者尚有羞耻之心，不敢明目张胆，如今不仅非法者堂而皇之，不以为意，甚至上下同心，沆瀣一气，称"非法"为非"非法"，怎不令人忧心！

《金刚经》云："法尚应舍，何况非法。"看来还是对上善根器的教示。末法众生，刚强难化，如果佛陀生逢此世，必定会加上一句："'非法'应舍，何况非'非法'。"

戒急用忍

"戒急用忍"一语出自清朝康熙皇帝。康熙皇帝是一个雄才大略的君主，在清朝统一中国以后，就喊出"尊汉"、"融汉"的口号，可见他的智慧。

"戒急用忍"自一九九七年底被作为对大陆之政策以来，台商的经营受到阻碍，大陆人士来台也受到限制，婚后男女分居两岸，无法团聚，甚至文化、学术、宗教、体育往来，都在"戒急用忍"的政策下停滞不前，让许多有心人感到忧虑，连王永庆、高清愿、张荣发等工商大老都对"戒急用忍"迭有微词，表达不同的看法。

事实上，世事无常，瞬息万变，大自然春花秋月，万有无常生灭。有关国体大事，应该变而不变，不变而变，总要视其对于全民利益而论定。

总之，戒急用忍已经到了非变不可的时候了。如兵法上，有限时攻城，克期取胜的策略，也有围攻待时，不急求胜的方针。商场上，今天买进，明天卖出，时涨时跌，种种变化，如股票进出无有定时。既然世间虚虚实实，实实虚虚，就不能墨守成规，就应该因时制宜。"戒急用忍"既是一时的权宜之计，便应随着时移势易而稍加修正，以因应时局！

经云："法无定法。"人民需要善法、善制，希望海峡两岸都不要强势立法，强行订制；是快是慢、是缓是急，其中需要有很多的因缘来助成决策，一切均应以全体人民之利益为前提，则海峡两岸的民众幸甚！幸甚！

身心安住

在西方社会，非常重视人们居家的空间，大众享有宽阔住所的权利。反观我们社会，一家老小挤在数坪的公寓，生活像在鸡笼、鱼缸般的狭小空间，面对水泥墙壁、钢铁门窗，嗅不到清新空气，照不到温暖阳光。你说，居住在四周僵硬环境的现代人，如何享受身心自在、通体舒泰的安住之乐呢？

经云："不住色声香味触法。"那么，我们的身心应以何安住呢？如果住在身体里，身体终会衰老，无法永久；如果住在房屋里，房屋终会毁坏，不能恒常；如果住在金钱里，金钱总在流动，不会永远；如果住在爱情里，爱情难免变化，不易久长。

禅宗二祖慧可，不惜断臂求法，只为想了知"身心安住"之道；六祖惠能，由于一句"应无所住而生其心"顿开茅塞，看见自家面目。第二次世界大战期间，有人问杜鲁门总统，如何在任务繁重和心理压力之下，仍能保持镇定的心情？他说："我心里有个安全的避风港。"可见，"身心安住"是圆满生命、拥有快乐人生的关键。

我们所以不能安顿身心的原因，是错把身心住在人我是非中忧虑苦恼，住在患得患失中比较计较，住在贪求撷取中欲壑难填，住在恐惧颠倒中寝食难安。以上等等，致使每日的生活凄凄惶惶，惴惴不安。

我们的身心应该安住在社会里，奉献群众，帮助士农工商得以维持运转；我们的身心应该安住在自然法则里，尊重生命，顺天而行；我们的身心应该安住在慈悲法喜、真理满足中，才能享受祥和宁静。你曾有此"身心安住"的妙用吗？

经典说，我们的心"念念如瀑流"，一般人将身心放住在五欲声色里，而圣者贤人安住在清净法乐里，而菩萨则以示教利喜为事业，以清净无染为安住。

希望今后对民间居住环境的规划，不只是人身的安住，也应有心灵的居所，从提升教育文化、敦亲睦邻、改良社会风气、提倡家庭伦理、尊重正信宗教方面努力，让人民物质与精神的身心，都有一个圆满的安住。

自我建设

　　一个社会，有了文教建设，社会才能和谐有礼；有了经济建设，民生才能富足安乐；有了交通建设，地方才能繁荣发展。人，也要"自我建设"，人生的道路才会更加宽广，生命的意义才能更加开展。

　　所谓"自我建设"，就是要自我厚植力量、自我开发潜能、自我学习成长、自我建立信心、自我更新观念、自我革除陋习、自我培植因缘、自我开创机会、自我成功立业等。

　　社会上，一般人好像失去了自我，都是心向外求，一心希望别人的帮助。一个人如果自己没有力量，一切仰赖别人，一旦失去支柱，顿时就会丧失前进的力量，所以人要靠"自我建设"，要做自己的工程师，自我规划人生，活出真正的自己。

　　然而有些人就是不懂"自我建设"，反而"自我破坏"、"自我毁灭"。例如糟蹋健康、浪费时间、不结人缘、放弃机会、懒惰懈怠、消极颓唐、逃避现实等。尤有甚者，多年前美国一位溜冰选手，为了赢得金牌，雇用杀手伤害竞赛者，结果金牌没有到手，反而官司缠身。这种以打击别人来成就自己，不但自我毁灭，同时破坏别人。因此，自我建设最重要的就是从"心理建设"做起。

兵法上有谓"心防重于国防"，心理上的自我建设，就是要建立正确的思想、观念、道德、人格，尤其要建立信心，要自我肯定，肯定自己的学问、能力、发心、慈悲等。此外，自我尊重、自我自强、自我开始，都是自我建设的重要课题。

因此，我们要经常自问：我的道德健全了没有？我的语言美化了没有？我的功劳完成了没有？所谓人生三不朽事业，正是"自我建设"的最终目的。故而我们应以"先天下之忧而忧，后天下之乐而乐"为主，而非"破坏他人，成就自己"。例如中国台湾地区每次选举，但见候选人们大打口水战，不管任何场合，只要一有机会，无不大肆批评、攻击对手，却迟迟未见有建设性的政见提出，如此候选人，不禁令人对社会的前途感到忧心。希望以后再有选举，候选人不要再让选民烦忧，应该让选民快乐地投你一票！

镶金的餐桌

在佛教的一间道场里，餐厅内摆了几张十人份的圆餐桌，是用现代的三角板建材所制成，经过油漆，并以金色的铝条镶边。有某一信徒见后，批评说："寺庙应该简单朴素，怎么可以用豪华的桌子请客？"听者都以这位信徒的批评有理，实际上这位信徒的见解愚痴、鄙陋之极！

佛教虽然不太重视资用生活，但是世间还是要藉物质来表达庄严。一个寺庙里，大雄宝殿如果不是巍峨堂皇，怎么会有人来参拜？佛像如果没有装金，怎么会有人尊敬？西方极乐世界，因为黄金铺地，七宝楼阁，富丽堂皇，所以才能接引众生，欣然往生其国。假如现在用简陋的设备来请客吃饭，请问你肯光临吗？

淡泊物质，是自我要求，但不能用此标准来要求别人，否则寺庙道场苦心设备，准备佳肴，请我们吃饭，茶足饭饱之后，我们还要来批评他的种种不是，牛粪心和佛心又怎么能比较呢？

大海有鯨鰲五嶽頹其鼻
任公釣未來煩爾一絲雪渭

懂得利用时间的人，便是懂得永恒的智者；
懂得利用空间的人，便是懂得无边的圣者。

从一沙一石中看到无限的世界；
从飞湍鸣涧中听到真理的声音；
从刹那因缘中感受永恒的未来；
从明月清风中体悟清净的自性。

世间人的见解往往只知一半，不知另外一半的内容，所以所见偏狭肤浅，知见差矣！

另有一例：寺庙请客，信徒饱餐之后，剩下的茶水饭菜，服务的侍者将之清理倒掉，信者见了就批评说："这个寺庙不知惜福，虽是剩菜残汤，也可以留待下餐佐用。"此说虽然明知不合事理，听者却仍认为非常中肯。但如果反问一句，你是第二批贵客，知客师对你说："刚有前面的一批客人吃剩的一些饭菜，现在请你节约惜福，将就食用。"不知你的心里以为如何？万一有人再吃出病来，舆论借机渲染，扩大罪名，批评寺庙不重卫生，致使病媒传染，请问你的批评合理吗？公道吗？

所以，我们在要求别人之前，先要要求自己，己如不能，不可施于他人。是故我们应"以责人之心责己，以恕己之心恕人"。否则口业之过，纵然先前曾经做了些许功德，功过亦难相抵，可不慎乎？

假的可怕

　　现在社会上流行讲假话，争取选票要讲假话，做伪证要讲假话；假公济私，图利自己，仿冒商品，赚取非法财富，更要讲假话……整个社会"假"成一片，以假为真。"假"人自以为一手遮天，到处说假话、做假人、行假事，其实做得再逼真的"假"，也只能瞒过一时，不能永久，西洋镜总有被拆穿的时候。

　　有人反讥："世间原本是四大皆空，五蕴非有，一切都是'假'的，何必如此认真？"话虽不错，但梦中做梦，假世行假，我们之真心何在呢？我们之生命意义何在呢？

　　假话叫做妄语，假人叫做妄人，这个世间上满街假人，到处假话。古人女扮男装，今人男装女优，真假难辨，苦了一些纯真的小民，还陶醉在真假喜乐之中。

　　其实，真假存乎一心，古今中外皆然。有一位富商要马克·吐温猜他的眼睛哪一个是真，哪一个是假，马克·吐温即刻说出左眼是假的，富商惊讶万分，马克·吐温说："因为你的右眼看不出慈悲善意，左眼还可以看出一点真情。"寥寥数语将世间的真假讽刺到极点，固然令人拍案叫绝。马克·吐温的真话更是让我们回味无穷。

今天社会上"假风"殷盛，最严重者莫过于欺上瞒下、招摇撞骗、伪造文书、颠倒是非，多少人被假情假意所骗，多少人被假言假话所欺，我们处于一片虚假之中，岂不可畏！

于今之计，希望教育部门通令所有学校师生，一律要讲真话，也希望传播各界所报道的消息，一定都要符合事实；如果有虚假不实，一定要给予严刑重罚。尤其是家庭里，父母对儿女更要讲真话。家庭中如果有不说真话的父母，怎能不会有说假话的儿女呢？

最后告诉大家，佛陀所以有三十二相中的广长舌相，就是因为他三十世不说假话而成。所以佛陀说话都是真语者、实语者、不异语者、不妄语者，那是多么美好而真实的语言啊！

希望今后所有社会人士，人人都能影响别人，都能倡导说真话、做真事、存真心，如此则社会庶几有救了。

无忧无喜

人的生活，不是喜就是忧；得则喜，失则忧。然而，得，不一定就是喜；失，不一定就是忧。甚至，喜不一定就是好，忧不一定就是坏。例如：年轻的儿女在外偷盗、抢劫，看似有所得，但大祸就将临头。所谓"忧患意识"，一时的艰苦，却能带来永远的平安，是以"喜"不一定就是好，"忧"不一定就是不好。

所谓欢喜，要能与人共享共有；所谓欢喜，要能不妒人有。能够享有无私无我的欢喜，这才是有价值的欢喜。

所谓忧悲，是关怀别人，是关怀道业；所谓忧悲，是不忍社会纷乱，是不忍众生受苦，这种"先天下之忧而忧"的行为，有什么不好？

欢喜，是人人所追求的。世界上最宝贵的东西，不是金钱，也不是名位，而是欢喜。一个人如果有了财势名位，可是生活过得不欢喜，人生也没有什么意义。因此有人以"安贫乐道"为欢喜，有人以"无事自在"为欢喜，有人以"平安是福"为欢喜，有人以"知足常乐"为欢喜。

忧悲烦恼也不一定不好，佛法未兴，众生未度，怎能不叫人忧烦？国是纷扰，人心不净，才是真正的忧烦！忧烦自己德性不够精进，忧烦自己能力不见增长，忧烦自己待人情意不够真实，忧烦自己对人服务不够贴切。因此，忧烦其实也是仁者之心，能够"忧道不忧贫"，就是仁人之心的体现！

《岳阳楼记》云："不以物喜，不以己悲。居庙堂之高，则忧其民；处江湖之远，则忧其君。"人，固然不可以把欢喜建筑在别人的痛苦之上，更不应只为自己一人一事而欢喜，而应以天下苍生为念。即使是一个小老百姓，也应该以一家人的温饱、平安、和谐而欢喜，应以一社区的邻居之团结、互助、友爱而欢喜，应以跟随的老板、主管、长官之顺利、得到利益而欢喜。总之，要以他人的欢喜为欢喜，则庶几近道矣！

"欢喜"让这个世界充满了色彩，"欢喜"让我们的人生充满了希望。没有欢喜只有忧悲，这是不懂生活；有欢喜也有忧悲，此乃人之常情。能够"无忧无喜"，则是更高的修养，也是最有智慧的处世之道。

从拥有到用有

人人都想"拥有"，但问题在于人心不足。填饱肚子，又求珍馐；娶了娇妻，又求美妾；有了房舍，又求华厦；谋得一职，又求升官；得到千钱，又求万金……宝贵的一生就在追求"拥有"中，苦苦恼恼地度过。

拥有多少，有何标准？有钱人尽管名下拥有多少高楼、土地、黄金、股票，但日夜畏惧，睡不安稳，比起一个读书人知足常乐，以天下为己任，心怀众生，你说谁拥有的多呢？

语云："良田万顷，日食几何？华厦千间，夜眠几尺？"石崇生前万般积聚，富可敌国，但是到了最后，死无葬身之地，比起身居陋巷的颜回求法行道，不改其乐，你说什么是真正的拥有呢？

拥有财物而不用，和"没有"有什么差别呢？拥有财物而不会用，和"无用"有什么不同呢？河水要流动，才能涓涓不绝；空气要流动，才能生意盎然。我们的财物既然取之于大众，必也用之于大众，才合乎自然之道。一心想要"拥有"，不如提倡"用有"。像冯谖散财于民，让孟尝君拥有人心，只算是懂得"用有"的初步，更高一层应如爱迪生将发明创造所得的专利用于为众生谋福，松下幸之助将企业所有盈余用于教育文化上，让社会蒙利。这是"用有"，不是"拥有"。

真正的"用有"不易做到，一旦执着财物是"我"的，用的对象就不广泛，用的心态就不正确，用的方式也有所偏差。其实，我们的一生空空而来，空空而去；我们的财物也应空空而得，空空而舍。对于世间上的一切，拥有空，用于实，岂不善哉！

所谓"心包太虚，量周沙界"，所谓"拥有"，有是有限，有量；所谓"空无"，无是无穷，无尽。如能以"用有"的胸怀，来顺应真理，以"用有"的财富，顺应人间，让因缘有、共同有，来取代私有的狭隘；让惜福有，感恩有，来消除占有的偏执，所谓"拥有，是富者；用有，才是智者"。富而加智，岂不善矣。

从自我出发

有一位年轻的学生，和同伴到远方旅行，长途路遥不堪疲困而停止向前。同伴催促他："我们可以帮你做一切事，但只有吃饭、睡觉无法帮忙。"年轻学生说："吃饭、睡觉我会，不用你们协助。"同伴说："走路也是一样，我们无法帮助！"

信徒问禅师如何开悟？禅师起身离去，走数步回头道："我要去小便，你能代替我去吗？"

以上二则故事，虽甚简单，却饶富哲理，因为一切只有靠自己，"从自我出发"，才有办法！

失去丈夫的寡妇必须擦干眼泪，才有力量扶养子女；没有双亲的孩子唯有奋斗自强，才有勇气面对现实。近人杏林子小姐著书不断，日本青年乙武洋匡不为"四肢短少"而烦恼，他们热心投入社会公益，乐观拥抱世间大众，为"靠自己"立下最佳典范。

小鸟学飞后，母鸟就不再让它返巢。西方社会，子女一到法定年龄，便要他自力更生，学习独立。老师善诱引导，学生也要靠自己勤奋，才能寻得学问之门的锁钥。出外虽有朋友，不靠自己广结善缘，别人如何给你帮助？

"靠山山倒，靠人人老"，如果不"从自己出发"，一味冀求外力协助，纵有强亲贵戚，也只能提供一时的帮助。如果自己不肯振作，即使有贵人如诸葛亮辅佐，也只能做一名扶不起来的阿斗。

许多人总是祈求神明赐予所有，但是，自己不肯播种，哪里会有收获呢？光是祈求，不明因果是无用的。《阿含经》里说，石头，会沉到水底，而你祈求："神明，神明！请让石头浮起来吧！"油，是浮在水面，你却祈求："神明，神明！请让油沉下去吧！"这都是不合理。所以，只是祈求，没有因缘，是不能开花结果的。

"人必自助，而后人助之；人必自尊，而后人尊之"。他人是缘，自己为因，观世音菩萨手拿念珠念观音，告诉我们求人不如求己；禅宗"啐啄教育"，也要行者师弟同时用功，才能豁然开悟。黄檗禅师也说："不着佛求，不着法求，不着僧求。"唯有从自我出发，踏实耕耘，成功的果实才会真正甜美。

活出希望

人生最大的悲哀，就是自己对前途没有希望；有希望才有未来。国际佛光会的工作信条"给人希望"，这是无尚的美德；反之，说话断人希望，就是最残忍的行为。

人是活在希望里：父母养儿防老，将来就有希望；提供子女教育机会，希望长大能成材。生活中，敦亲睦邻，希望大家生活过得更安乐；栽花种树、积谷防饥，等待中也有无限的希望。中国人讲究"传宗接代"，无非希望种族的寿命能延长，代代相续。甚至现在的器官移植，也是一种延续生命的希望。

一个国家社会，人民热心缴税，希望国家的建设会更好；修桥补路，希望交通的建设更方便；救济贫困，希望社会的福利无缺陷；选贤与能，希望政治的发展更民主；惩治官吏，希望政府的形象更清廉。

此外，希望风调雨顺、希望国泰民安、希望世界和平早日到来等，这都是现代人对未来的最大希望。

谈到"希望",念佛的人希望往生净土,基督教徒希望升到天堂;今生行善布施,希望来生会更好;今年努力播种,希望明年五谷更丰收。乃至我们希望自己道德增进、希望慈悲利众、希望明理知义、希望识得大体等。有了希望,就有未来;有了希望,就不会因为黑暗而心生恐怖,因为黎明在黑暗之后随着"希望"就要到来。霜雪寒冬不要害怕,因为严寒过去,春天随着"希望"就会降临人间;钱财短缺不必忧虑,因为即使一块钱的资本,也会有飞黄腾达的"希望"。

有希望的人生,活着才有意义。人之所以自暴自弃,往往是因为失去了希望。其实,当一个人遭遇逆境、挫折时,只要肯改善因缘、发心利人,就能重燃希望。丑女投河,由于老师的一句话:"第一个自私的生命已死,第二个利人的生命可以再生。"因而开创自己的第二个生命;癌症患者,因为一心投入公益活动,因此生命重燃光辉。一个人只要能建立信心,发愿为人服务,当自己把生命的光热散发出来,在照亮别人的同时,必也点亮自己的心灯。

中国人每逢过寿、新居乔迁、婚庆过年,都会互道"恭喜、恭喜",甚至给予祝福未来的希望。其实,人生有此处、彼处,岁月有今年、明年,人如果能时时怀抱希望,则生机无限,必然天天都是"活在希望"里。

一念之间

"光阴似箭，岁月如梭"，这是形容时间的流逝之快。然而，我们的心念，疾如闪电，快比光阴。

我们的心，刹那生灭，前念才过，后念又起，念念相继，犹如潮汐，潮来潮往，永不停歇。

我们的心，不受时空限制，一念之间，忽而遨游五大洲；一念之间，瞬息去来三世间，真是上穷碧落下黄泉，天上人间，只在"一念之间"。

我们的心，大如虚空，所谓心包太虚，量周沙界。心中无事一床宽，心中有事世间小，是大是小，就在"一念之间"。

我们的心，一念三千，一念具足三千法界。一念之间，天堂地狱，六道轮回，是佛是魔，全在"一念之间"。

心，是我们的主宰。心，就是观念，观念一改，命运随之改变。一念之间，哭婆可以变笑婆；一念之间，愚迷可以转灵巧。一念慈悲助人，就是圣贤之心；一念嫉妒害人，小人之心立现。

一念私心为己，成就有限；一念发心为人，功德无量。

历史上，多少人在"一念之间"改写了国家社会的命运。你看！鸿门宴中，若不是项羽一念不决，何来汉家天下？你看！街亭之役，若非诸葛亮一念之差，何须挥泪斩马谡？

世间上，多少人在"一念之间"仓猝地决定了自己的一生。你看！多少为情所困而自杀的男女们，只因"一念之间"想不开，结果徒留悲痛亲人间。你看！多少为财所动而萌生杀机的歹徒们。只为"一念之间"财迷心窍，结果自毁前途，害人身命，永留骂名在人间。

心，是升沉的枢纽。我们的心，一心开二门：一念顿悟，可以放下身心，解脱自在，不受烦恼；一念生迷，也会钻牛角尖，掀风起浪，不得安宁。

心，是永恒的象征。一念开觉，当下转凡成圣，烦恼也可以化菩提。一念迷悟，关乎我们一生。

一念之间，关系重大，我们岂能不戒惧谨慎于"一念之间"乎！

要走正路

有人说："人生如过客。"在人生的旅途上，每个人都有自己的路要走。《起信论》的"一心开二门"，一是"真如门"，二是"生灭门"，正代表着人生的两条路：一乃"正路"，二为"歪道"。你要走哪一条路呢？但凭自己的智慧抉择！

世间的道路，有平直宽广的大路，有崎岖狭小的巷道。当你走上大道，一路顺畅，勇往向前，通行无碍；当你走上狭路，到处阻碍，崎岖难行，举步维艰。

有人说，双脚就是我们自己的路，也有人说"路在嘴边"，一张口也是我们自己的路；乃至一双手也能开创我们的前途道路，一颗心更是带领我们建设美满人生的最佳路径。

人生的路，有有形的，有无形的。士农工商，各种职业都是我们的道路；各种信仰、技能、知识、兴趣，也是我们的道路；天堂、地狱、饿鬼、畜生，更是我们未来的道路。有的人不断辛勤奋发，为了走他人生平坦的道路；有的人投机取巧，于是走上人生的不归路；更有人心术不正、无品无德，终于走上暗无天日的漫漫长路。

路啊！我们的路在哪里呢？人生的路，虽然只是永恒生命中的短暂一程，但是，人人都应该"要走正路"。

所谓"正路"，做儿女的，要孝顺父母，把儿女做好，孝顺就是我们的道路；做夫妻的，要相互敬爱，把夫妻做好；做学生的，要用功求学，把学生做好；做朋友的，要彼此提携，把朋友做好……因为这都是人生的正路。

经商的人，要将本求利；做官的人，要勤政爱民；当军人的，要保家卫国；信仰宗教的，要正知正见。这些也都是正路，千万不能走上邪路。

曾子说："宁可正而不足，不可斜而有余。"凡事正派，给人欢喜，给人利益，才能成功。然而时下有一些建筑商人，罔顾道德，偷工减料，建筑危楼，丧人身家；部分律师开业，但为赚钱，供人咨商，故弄兴讼，毫无道德，甚至唯恐天下不乱；某些银行家，大斗小秤，大事剥削，所谓"取财无道"。可惜这些人投机取巧，不走正路，偏取邪径，最后终将自食苦果。

经云："菩萨畏因，众生畏果。"正路必定是天堂之路，邪道必定是地狱之路。聪明的人儿，你究竟要走哪条路呢？

有佛法就有办法

正当大众为现今许多暴力事件、人情、道德低落、价值观改变等种种问题产生而失望、怀疑时，近来社会上流行一句话"有佛法，就有办法"，仿佛是在秽浊的恶风中，注入一股清流，让人重拾信心和希望。

仅举数例先申其义，以飨大众。

每个人都希望拥有财富、名誉、事业、和谐的人际关系，甚至建立一个全方位的人生。其实，不妄语而说好话，就能有好名声；能喜舍而行布施，就能拥有财富。像美国微软公司总裁比尔·盖茨先生，很多人都知道他建立了计算机王国，富可盖世，却很少人知道，他的热心布施是全美排行第一，他的对人尊重，赢得全体员工的好评和信任。在家庭内，两性关系逐渐转变，有人害怕婚外情，有人害怕感情不睦。事实上，只要夫妇双方持守五戒中的不邪淫，以爱语、同事的心情相互扶持，不忘初心，家庭和谐便有保障。

　　社会、国家想安定、富足，固然需要上位者的智慧领导，更需要有"为民设想"的体恤。印度史上著名的阿育王，所向无敌，战事皆捷，四方小国无不臣服，却得不到民心。等到信仰佛教以后，翻然醒悟，以慈悲仁义治国化民，自此德风远播，留下一代转轮圣王的美名，此即说明：法的胜利，无与匹敌。

　　而当我们羡慕西方欧洲国家社会井然有序之时，却很少人想到，他们对法律的尊重和实践。像在奥地利，报纸挂在电线杆上，需要者将零钱投入筒内即可取之，没有人会不投钱而拿走报纸，更不会有人自取筒内的钱。人人持戒，就是最好的法律。

　　诚然，这世间仍旧存在邪恶与黑暗，我们发愿净化现今社会风气，相信佛法必能带来正确的理念，引导人人开发本具良善、光明的一面。

　　此处必须说明，什么是佛法？慈悲喜舍是佛法，利人利世是佛法，忍耐无我是佛法，积极行善是佛法，乃至于八正道是佛法，六和敬是佛法，七觉支是佛法，三解脱是佛法，所谓世间上的好事好理，无一不是佛法啊！

　　"有佛法，就有办法"，诚信然也。

非法占有

在台湾地区，宋楚瑜的"兴票案"弄得满城风雨，无论就法律而言，或道德而论，民意都不喜欢"非法占有"。幸好谢启大挺身清查，最后"法院"也给他不起诉处分，总算还给他一个清白。宋楚瑜说，这是农历新年给他一个最大的礼物。

其实，兴票案只是一党领导人节余下的选举费用，交代执行者暂存，这又何罪之有？再说，普天之下，哪里只有一桩兴票案呢？所有高官厚禄的人，他们都没有兴票案吗？

世间财富，人皆欲之，但贪得无厌的人总喜欢"非法占有"。如窃取他物、违法贪污、抵赖债务、吞没寄存、欺罔共财、因便侵占、藉势苟得、经营非法、诈骗投机、赌博淫业，用上述任何一种方式取得的财富，必然逃不过因果报应，你几曾看过不义之财能够长久吗？

历代以来，一些上位者枉法窃国，欺世盗名，巧取豪夺，贪污舞弊；"成者为王，败者为寇"，不要看他自以为能偷天换日，但看他下场如何？石崇富可敌国，但骂名千古；和珅聚敛财富，终遭杀身之祸。非法占有的人到头来可曾占有什么便宜？

其实，在我们日常生活中，也经常犯了"不与而取"的毛病而不自知。像随手摘花、随手取物等等，看起来似乎微不足道，但你可晓得：许多偷抢盗窃的歹行正都是从这种习惯而来！

老师告诉家长："你的儿子偷了别人的铅笔。"父亲当即一个耳光打在儿子脸上，骂道："你怎可偷别人的铅笔？要笔，爸爸可以从办公室里拿一打来给你！"

这虽是一则笑话，其实往往发生在我们周遭。除此之外，死囚临刑，咬断母乳的故事，这是说明儿子效法父母的"非法占有"，故有不幸的结果，这也是众所周知。我们思之省之，能无警惕乎？

在此奉劝世人，可以合理地拥有，但千万不能非法地占有啊！因为非法占有，纵侥幸获得，那也是一时的，既不合法，也不安心，岂能长久呢？

慈悲的真义

"佛教以慈悲为怀"，这是人人耳熟能详的口头禅。然而，慈悲不是佛教徒的专利，慈悲是一切众生共有的财富。人间因为有了慈悲，生命因此充满了无限的意义；颠沛的人生岁月里，因为有了慈悲，前途才有无限的憧憬。

慈悲之心是万物所以生生不息的源泉，慈悲就是佛性，有了慈悲，众生因此皆得成佛。慈悲也是做人应该具备的条件，一个人宁可以什么都没有，但不能没有慈悲！一个有慈悲心的人，言行举止都如阳光、净水、花朵，可以带给人间光明、清净、欢喜。

慈悲不是打不还手、骂不还口，当公理正义遭受无情地打压排挤、当正人君子受到无端地毁谤抨击时，能够挺身而出，这就是一种勇敢的、积极的慈悲。慈悲要有智慧，慈悲不是一时的恻隐之心，而是透过公理的感动助人；慈悲不是热闹地随众起舞，而是心存正念地服务济人；慈悲也不是私心地利益亲友，更不是有所求地惠施于人，慈悲的最高境界是怨亲平等、无我无私。

慈悲是自己身体力行的道德，不是用来衡量别人的尺度。真正的慈悲也不一定是和颜悦色地赞美鼓励，有的时候用金刚之力来降魔伏恶，更是难行能行的大慈大悲。社会上有不少人往往曲解慈悲的含义，遂让慈悲由宽恕包容变成姑息纵容，导致社会失序；甚至运用不当，致使慈悲沦为罪恶的温床。例如：滥行放生，反而伤生害命；滥施金钱，反而助长贪婪心态等。因此，真正的慈悲必须以智慧为前导，否则弄巧成拙，反失善心美意。

慈悲并不是一个定点，而是情感的不断升华。《华严经》的"但愿众生得离苦，不为自己求安乐"，这种"以天下之忧为忧，以天下之乐为乐"的胸怀，就是慈悲。

天下之事不能尽如人意，以慈悲行事难免也有吃亏的时候。然而，唯有慈悲，才能化干戈为玉帛，消怨怼于无形；唯有慈悲，才能广结善缘，成就事业。慈悲，才是人生取之不尽、用之不竭的宝藏！

自我改革

桌子坏了，要修理一下；衣服破了，要补缀一番；房子漏了，要重新装修；马路坏了，要填补整修。人，要不断地修正、改革自己的陋习，才会慢慢健全。

孔子说："人生而知之，学而知之，困而知之。"人即使活到老，也学不了，因此一个人如果自满，不肯改革、不肯学习，自然不会进步。

人生的毛病之多，例如：语言上的恶口、绮语、两舌、妄言，乃至心理上的自私、执着、贪吝、瞋恚、嫉妒等，都像癌症一样，如果没有找到高明的医师疗治，则如覆舰难驶、恶疾难愈，人生不复救药矣！唯有自己做自己的医生，一个肯自我疗治、自我改革的人，才有希望。

日本的宫本武藏，几乎集丑陋、残忍等恶习于一身，但在泽安禅师的协助下，一改而成为日本有名的"剑圣"。

宋江在梁山泊落草为寇，打家劫舍，后来被朝廷招安，一变而为捍卫国家的武士,反能保境安民。

人称"指鬘外道"的鸯掘摩罗,误信外道,杀人如麻,后来得遇佛陀,一改恶习而为身心清净的证果罗汉。

印度佛教四大论师之一的龙树,学佛前,恶习满身,隐身王宫,调戏宫女,后来得闻大乘佛法,从此潜心经藏,成为八宗共祖,因此后世尊为菩萨。

日本的"鬼平兵卫",原本脾气暴躁,人人厌恶,后来洗心革面,重新做人,一改而为慈悲的"佛平兵卫"。

佛殿里的大磬,有一天向佛像抗议:"为何信徒总是敲打我,却向你礼拜?"佛像说:"因为我禁得起一刀一锤的雕琢,故能成为佛像供人膜拜,你因为受不了一棒就哇哇大叫,故而只能是大磬!"

一个人,是要成为人人尊敬的佛像呢?还是不堪一击的大磬呢?就在于自己的一念之间愿意"自我改革"否!

经云:人人皆有佛性,佛性本自清净。因此,一个人即使有过,只要能"随缘消旧业,切莫造新殃",并能时时自我反省、自我改革,能把贪心改成喜舍,把瞋恨改成慈悲,把愚痴改成智慧,把嫉妒改成尊重。平时对于自己的言行,所谓"非礼勿视、非礼勿听、非礼勿言、非礼勿动",能够革除陋习、调伏六根,当眼、耳、鼻、舌、身、心都能听任自己主宰时,则人生庶几无过矣。

人际的和谐

人际关系是现代人处世哲学很重要的一环，许多人生活里所以有忧苦烦恼，都是肇因于你我的人际关系不和谐。因为不懂得如何善待"你"，也不自知如何修持"我"，甚至还强力分别你和我。因此产生"爷爷打孙子、自己打自己"，以表示"你打我儿子，我也要打你儿子"的愚痴行为。

其实，人我之间的关系，都是靠缘分来维系，善缘得善谊，恶缘造恶业。只是，一般人往往不能了悟这层因果关系，不仅不能相互成就，反而常常因为不服气别人比我好、比我高、比我大，因此千方百计地和对方计较、争夺，总希望自己能胜过别人、赢过别人，因而造成彼此的不和谐，甚至互相伤害、痛苦。

人，一旦有了计较、比较之心，有了人我的利害得失之心，即使亲密如家人、恩爱如夫妻也不能避免互相斗争。因此，"有我"，是痛苦的根源；"无我"，才是解决你我问题的妙方。

人，所以会有纷争、不平，就是因为"你、我"的关系不协调。因此，想要获得和谐融洽的人际关系，唯有把"你"当作"我"，你我一体，你我不二，能够将心比心，彼此互换立场，才是解决痛苦的究竟之道。

世间人都希望自己比别人伟大，因为有胜负之心，争执也就层出不穷。如果我能怀着尊重你的伟大，我有拥护你、成就你的心态，自然能化戾气为祥和。

一般人总希望自己拥有的比别人多，而不顾别人的空乏；但是如果大家都没有，只有你个人独占，别人会让你顺心如意地安享吗？

一般人总是好逸恶劳，只求一己逸乐，不顾他人苦楚，这是世间争执的源泉。如果能把快乐带给别人，当别人快乐的时候，自己也会感染快乐。

争功诿过是一般人的通病，也是纷争的原因。如果人人都能承认自己错、自己坏，凡事不推诿、不卸责，人我关系自然能和谐无争。

所谓"退一步海阔天空"，解决人我纷争之道，要能做到"你大我小、你对我错"，若能确实奉行，自能获得意想不到的法喜。

如何改变命运

生活里，每个人最关心的问题，莫过于"自己"；而自己的问题之中，又以"命运"最为重大。

人一生之际遇，往往因为各种因素而改变命运，有的人为了一个人、一件事、一句话、一块钱，乃至一个念头而改变了自己的一生，甚至影响了国家社会的发展，改写了世界人类的历史。

英国的爱德华伯爵，为了与自己心爱的女子辛普森夫人长相厮守，宁愿放弃王位，所谓"不爱江山爱美人"，为了一位女子不但改变了自己的命运，也改写了国家的历史。

美国前总统尼克松，为了"水门事件"，丢失了全世界马首是瞻的美国总统职位，并且吃上官司。一件事，有时候会使我们受到无比的推崇，有时也会遭到难堪的羞辱。

唐代的丹霞禅师，本来要进京赶考，途中遇到一位出家人告诉他"考官不如选佛"，一句话敲醒了他的富贵梦，却拓展了另外一片更宽广的人生。

美国的汽车大王福特先生，年轻时离家创业，父亲给了他一块钱，他以这一块钱作为资本，发愤图强，终于开创了福特公司，闻名于国际，写下了自己的历史，也造福了全体人类。

唐朝的玄奘大师，年轻时阅读经典，感于当时的传译经典不够周全，因而萌发西天取经的念头。由于这求经的一念，一去天竺十八载，带回了数千卷的经典，成为一代三藏大师。他的一念改变了自己的一生，而中国佛教乃至中华文化的发展史，也因此揭开了新页。

每个人的一生都有不同于别人的人生境遇，有时候看到别人飞黄腾达，想想自己的不如意，不免慨叹"时也、运也、命也"，甚至埋怨老天爷捉弄命运；有的人则是听天由命，认为穷通祸福，皆由命定。

其实，每个人的命运都不是别人所能控制的，命运乃自业所造，举凡习惯、信仰、感情、权势、欲望等，都可以左右我们的命运。因此，一事一物、一人一财，只要我们培养正确的观念，树立坚定的信仰，广结良善的人缘，严持清净的戒律，能够如此，不但不为命运所控制，而且还能够自由自在地改善命运。

真理的价值

真理是宇宙人生最高的指导原则，世间万象，天有天理、地有地理、人有人理、物有物理、心有心理、情有情理。任何事物，皆有其"理"，但是总要合乎真理，不能违背真理。

什么是真理？合乎因果就是真理！所谓"种瓜得瓜，种豆得豆；善有善报，恶有恶报"，这是放诸四海皆准的道理，这就是真理。

世间上各种宗教都认为自己所说的教义是真理，此也真理，彼也真理，到底谁才合乎真理？真理要禁得起时空和众意的考验！

所谓真理，必须合乎普遍性、平等性、必然性、永恒性。例如，人有生必有死，男人如是，女人如是，古今中外，人人莫不如是。所以，生死无常就是真理。

合乎因果，就是真理！因果是人间最公平的仲裁者。世间法没有所谓的"公平"，只有在佛法真理面前才有公平可言。日本的楠正成将军在临终时留下了五个字"非理法权天",说明一个真理:错误的比不过道理,道理比不过法治,法治比不过权力,权力比不过天理。天理就是因果,因果才是最高的法律。

真理不是信仰宗教才有,真理充塞宇宙,遍满人间,所谓"一花一世界,一叶一如来",在大自然的夏涧秋谷、春花冬雪之中,无非都是真理的示现。只要有心,从飞湍鸣涧中,都可以听到真理的声音。

探索真理是人类最高贵的希望,传播真理是人类最高贵的使命。真理就是自然,顺应自然,才能自在;合乎真理,才能任运悠游。逆天行事,不合真理,必致失败。

真理本身就是无尽的宝藏,一句真理无价宝,比金比银万倍好!然而世间有多少人真正懂得真理呢?但看不少政治人物,平时不肯为民服务,大选时刻却希望有选票,正是春天不下种,却盼秋来有收成;平时不结缘,却求有难贵人来。甚至有的人坏事做绝,一旦业报现前,却又怨天尤人。所谓"人在做,天在看",天就是因果,一切是非自有公道,凡事能从正义方面进行,那才是到达真理之路。

道理就是路

俗语说："有志不在年高，有理不在声大。"道理是人与人、人与事、人与天地万物之间一个维系关系的平衡点。

世间上，有的人很讲道理，有的人不讲道理；有理可以走遍天下，无理则是寸步难行。因此，做人心中要有道，有道才能拥有一切；处世心中要有理，有理才能走遍天下。

人，有时候有道理，但由于自私、无明，往往变成没有道理；有的人没有道理，因为谦虚、认错，反而变成有道理。

世间上有钱财的人很多，有学问的人也很多，但是明白道理的人并不多。孔子说："朝闻道，夕死可矣！"金钱有用完的时候，道理则让人一生受用不尽。自古圣贤教诫我们的，就是要我们明白道理。不明白道理的人，大多由于自私，经由自私发展出来的贪瞋、嫉妒，自然就没有道理。

《礼记.礼运》篇说："大道之行也，天下为公。"天下是大家所共有的，为大家所公有、公治、公享，不是某一家、某一姓所私有，这是孙中山先生革命的最高理想。此次国民党在大选中，把领导了八十多年的执政权拱手让人，究其原因，实在都是因为不能做到"天下为公"所致。

在台湾地区，国民党执政多年，一党坐大，不但党主席权威至高无上，不懂得"勿废天下之理，以护一己之愆"的道理，一群卑躬屈膝、奴隶成性的下属，更是造神式地奉党主席"一人为师"。于是上下交相舞弊，甚至由于自私，个人比党大，党主席比党重要，党的利益又超乎政府之上，少数几个人的"政府"又超乎整个社会之上，只要合乎党的利益，竟不管社会的前途安危。因为党赫赫威武不可一世，以党领政，党比政大，尤其从政的少数几个人竟能完全主宰社会，不但公器私用，甚至为遂一己之私，罔顾民意。如此政党，焉有不被人民唾弃之理？

其实，"国者，民之积"，即使社会为大也还不够，因为社会者，乃人民也，所以天下为公的社会、天下为公的民众，才是正当的道理。只是，这个道理又有几个人能体会呢？

团结的重要

中国人一向被讥为"一盘散沙"，甚至有人说，三个日本人可以创办一个大公司，三个德国人可以主持一个市政府，三个中国人却会把一个家庭搞得一塌糊涂。因为中国人一向长于"发展自我"，所以有人又喊出"团队精神"、"集体创作"，强调"团结"的重要。

团结，就是众缘和合！一栋房子的建造，光有钢筋水泥是不够的，必须有木材、砖瓦等原料，以及人力、空间等各种条件具足，才能平地起高楼。

一棵大树的长成，光有种子的"因"未必能萌芽，当中还必须有阳光、空气、水分、土壤等众"缘"成就，才能绿树成荫。

台湾地区的电子工业发达，大家归功于施振荣、张忠谋等人，但是如果没有许多科学家的努力，何能有台湾的电子工业？台塑的王永庆、长荣的张荣发等企业家，造就了台湾的经济繁荣，但是如果没有许多下游的工业，何能有台塑、长荣的

提得起，才能放得下；
放得下，才能再提起。

以舍为有，则不贪；以忙为乐，则不苦；
以勤为富，则不贫；以忍为力，则不惧。

成功？举凡任何事业的成就，无不是集合多数人的努力与智慧始得有以致之，此即所谓的"分工合作"，当中所体现的，也正是团结的精神。

所谓团结，尤其要有牺牲奉献、成就他人的精神。长久以来，中国人在海外经常互相排挤、互相出卖、互相批评，因此让外籍人士耻笑我们"狗咬狗"，甚至以"公鸡"来形容中国人不服领导的性格，最后只有同归于尽。反观日本人，他们有"鸭子"的团队精神，因此走遍世界各国，到处开发社区，成立会社。

亚洲四小龙之一的新加坡，国家虽小，因为倡导团队精神，故能跻身先进国家之列；反观中国虽大，因为大家争相标榜个人，讲究一己之能，因此发挥的力量就有所限制。甚至翻开中国的历史，历朝历代之所以亡国，都是因为君臣不和、众叛亲离，最后导致国破家亡。乃至一个公司之所以倒闭，主要也是因为干部不合作，主管领导无方，最后只有关门歇业。正如一个人，眼、耳、鼻、舌、身不听心的指挥，自然形神不全。

因此，团结才有力量，只要团结，所谓"楚虽三户，亡秦必楚"，甚至"兄弟同心，其利断金"；证诸世事，实不虚也。

吃亏的奥妙

尽管有一句话说，"吃亏就是占便宜"，但是，大多数的人仍然喜欢讨便宜，而不喜欢"吃亏"。既然没有人愿意吃亏，那么，经常占人便宜的人，毋庸置疑的，必然是不受欢迎的人。

因此，处世做人要肯得吃亏，吃亏不但是待人处事最讨巧的方式，也是做人处世能够成功的不二法门。

过去社会上经常传出金光党骗财的案例，其实受骗的人正是为了占人便宜。因为一时利欲熏心，希望贪图意外之财，结果反而吃了大亏。反观一些看起来"吃亏"的人，结果才是真正占了大便宜。例如：大禹治水，三过家门而不入，因为他为民谋福，宁愿自己吃亏，但到最后，大家公推他为帝。著名的"管鲍之交"，旁人都说管仲在占鲍叔牙的便宜，但是鲍叔牙却处处为管仲说话，后来还推荐他做国相，然而正因为鲍叔牙肯"吃亏"，所以不但交到一个好朋友，而且为国举才，利益了全国人民。

　　闽南语有一句俗谚说："佛祖疼憨人。"民俗中也有一则故事，叙述甲乙两个小鬼要到人间投胎，阎罗王要他们选择过接受或付出的人生，结果选择付出的甲投生在一个富贵人家，终其一生乐善好施；希望过接受人生的乙却投生在一个以乞丐为生的人士，终其一生皆以乞讨为业。

　　这则故事说明：一个人如果懂得付出，不计较"吃亏"，才能拥有一个富有的人生；相反的，如果锱铢必较，只知道接受，却吝于付出，必定是一个贫穷的人生。所以，讨便宜的，未必真讨便宜；吃亏的，也未必真吃亏，真正说来，吃亏才是在讨便宜。

　　俗语说："塞翁失马，焉知非福？"一个人只要心存正念，随顺因缘，助人为先，即使一时"吃亏"，最终"因果"必定不会让你"吃亏"。因为，吃亏即非吃亏也，该是你的，即使吃亏，还是你的。中国有一句俗话说"吃亏便是福"，真可以说是先人智慧的结晶。

随缘的性格

处在人际关系复杂的现代社会，如何坚守善恶是非观念，不与世俗同流合污，而又能圆融地与人和谐相处，《大乘起信论》中的"随缘不变，不变随缘"是为人处世最好的性格。

所谓"随缘"，就是要随顺因缘。世间万法，都是因缘和合而存在，每个人都离不开因缘法而存活；同样的，每一个人的思想观念、言行举止，也会成为影响别人的相互因缘。因此，人与人相处，应该要随顺好因好缘，要有"结缘总比结怨好"的观念。能够随缘，才能成事。

"随缘"是随顺当前的环境，但绝非随便行事、苟且偷安。做人不但要有"随缘"的性格，更要秉持"不变"的操守，能够"随缘不变，不变随缘"，这是自利利他的良方。

唐朝文成公主为了和合唐朝与西藏的关系，"随缘"做了和平使者，远嫁西藏。她把佛教带到西藏，并且把唐朝的文化传扬于异域，至今仍为世人所传扬称颂。

相反的，北宋名相王安石，任内积极推行新法，以谋富国强兵，却因宋神宗的不信任，以及遭到保守派的阻挠，以致功败垂成，最后不但导致北宋为外夷所灭，连皇帝都成了俘虏，实在可悲可叹。

"随缘"不是随波逐流，不是随世浮沉；"不变"也不是墨守成规，更不是泥古不化。社会上有些人因为一味随缘，却失去原则，结果随波逐流，沉沦苦海，无法自拔；有些人则过分坚持原则，不能融通，反成执着，不但丧失人缘，也使事业的发展受到阻碍。

因此，能够在随缘的生活与不变的原则相行无碍之下，才能享有收放自如的人生。尤其，身居高位的从政人员，他的所思所想，他所做的每一个决策政令，都足以影响国家的发展与人民的福祉，所以应该广开言听，咨诹纳谏，要审慎地盱衡时势，顺应潮流，不可美其名为"择善固执"，实乃"故步自封"、"刚愎自用"，结果不但自误误人，甚至遗恨千古，能不慎乎！

神通的真相

人生苦空无常，一般人在遭逢苦难，或面对无力解决的问题时，除了祈求佛菩萨、神明的加被之外，最大的希望莫过于自己拥有神通力。

神通是透过修持禅定之后所得到的一种不可思议力量，这种力量超乎寻常，而且无碍自在。因此凡人莫不希望具有"神而通之"、"神而奇之"的超人力量，以达成现实生活所无法实现的愿望。

然而，有了神通真的就能顺心如意、所求如愿了吗？事实不然，因为神通敌不过业力，业力才是世间最大的力量。神通不能违背因果，因此即使"神通第一"的目犍连，他也无法拯救母亲脱离地狱之苦。

神通不但不是万能的，有时候有了神通反而带来痛苦。例如：有了他心通，知道自己最要好的朋友竟然心怀鬼胎，你的心里会舒服吗？有了天耳通，听到自己推心置腹的朋友在背地里说你坏话，你的气能忍得下吗？甚至有了宿命通，知道自己只剩下一年的寿命，你的日子会过得自在吗？

再说，神通也不是一般人以为的只有佛菩萨、鬼神、仙人才有；神通更不一定指神奇变化的法术。神通充塞于大自然的各种现象之中，例如，乌云密布，天上就会下雨；气流变动，就会产生暴风，乃至四时运转、日夜递嬗等，这种种自然的变化，都可视为是一种神通。

神通在我们日常生活中更是俯拾即是，例如：喝茶解渴、吃饭当饱、善泳者浮于水面、善骑单车者行走自如等，乃至电话、飞机、网络的发明，不就是天耳通、神足通、天眼通吗？甚至器官移植、复制动物等，这一切不都是足以使前人瞠目结舌、闻所未闻的神通吗？

因此，神通是人类经验的累积，是智慧的呈现，是能力的超绝运用。神通是在有形、有相上求，有，就是有限、有量、有尽；唯有空无的真理，才有无限的妙用。所以，神通比不上道德，神通更及不上空无，具有神通并不一定拥有幸福，只有道德才是取之不尽、用之不竭的宝藏。能够求证空无的真理，更是究竟解脱之道。

认错的美德

语云："人非圣贤，孰能无过；知过能改，善莫大焉。"勇于认错，此乃智者之举；不肯认错，终将失去进德的机会，殊为可惜。

人的一生不可能永不犯错，有时候错误只是自己的一时疏忽所造成，并不构成太大的得失。但如果不认错，可能犯了"戒禁取见"，后果不可收拾。所以一个人的际遇安危、成败得失，往往和自己能否"认错"有十分密切的关系。中国历史上有名的"将相和"，赵国名相蔺相如能够"相忍为国"，固然赢得后人尊敬，但廉颇勇于认错，登门"负荆请罪"，同样流芳千古。

承认错误，需要勇气；能够勇于认错，才有机会重新做人。西晋时代的周处，少时横行乡里，成为父老口中的"三害"之一。后来发愤认错改过，不但为地方除害，而且从军报国，完全改写了自己的人生，成为悔过向善的典范。可见一个人唯有"勇于认错"，才能获得大家的谅解，才有重新出发的机会。

佛教非常注重"认错"的美德，所谓"不怕念头起，只怕觉照迟"、"放下屠刀，立地成佛"。人，不怕犯错，就怕没有认错的勇气。勇于认错的人，大多容易进步。近年监狱里的刑事犯，改过迁善、重修学业成功的人，比比皆是。凡是觉得没有力量认错的人，死不认错，只在原地踏步，甚至更加十足堕落，殊为可叹！

"认错"没有大小之分，认错要能坦诚，是否真心能改，就在于我们是否具有"勇气"。历代"下诏罪己"的帝王，反而更增贤名。美国总统罗斯福在纽约市长任内，曾经当众坦承自己因一时不察通过议案，结果赢得更多人的尊敬。公元前三世纪统一全印度的阿育王向小沙弥赔罪，自古以来，没有人耻笑阿育王以九五之尊礼拜道歉，反而同声赞美他"勇于认错"的美德。所以，"认错"不但不会失去自己的身份，反而能赢得更多的尊重。现世做大官的人，往往死不认错，最后成了最大的输家而抱憾终身。认错，实在是一门很高的人生哲学，值得世人深思。

贫穷与富有

　　"贫穷"和"富有"是两个相互对立的身份名词，在一般人的认知里，贫穷的人不是富有，富有的人也不是贫穷。其实不然，世间上贫穷的富者、富有的穷人，比比皆是。

　　颜回居陋巷，一箪食、一瓢饮，而内心充满安乐，你能说他是一个穷者吗？大迦叶尊者，居住冢间、山崖水边，日中一食，衣钵以外别无长物，而其解脱自在的心胸，你能说他是一个穷者吗？反观今之居高楼、坐汽车、僮仆盈门，但每天为金钱周转、为股票涨跌而愁眉不展的人，你能说他是富有的吗？那些拥资千万，家有良田万顷，却悭吝不舍、时时觉得自己不够的人，你能说他是富有的吗？所以富者不是真富，穷者不是真穷，贫富之间不可以从金钱物质上去衡量。

　　世间上有的人虽不能日进斗金，却乐于社会公益，乐善好施，他不就是一个精神上的大富长者吗？但也有一些人每天只想贪图别人的利益，凡有所得，总想占为己有，这样的人即使拥有再多的财富，不也是心灵贫乏的穷者吗？

其实，在佛教看来，世间上并没有穷人。有时间的人，用时间去帮助别人，他不就是时间的富者吗？他善于言词，用语言来赞美鼓励别人，他不就是一个语言的富者吗？他用微笑、欢喜、礼敬待人，他不就是一个内心充实的富者吗？他用力气帮助别人、服务他人，这不也是有力的富者吗？所以，贪心不足永远是贫穷的人，乐于助人则永远都是富贵的人。

说到财富，不能只看一时的财富，要看永生的财富；不要看一人的财富，要看共有的财富；不要看聚敛的财富，要看活用的财富；也不要看表面有形的财富，而要看内心无形的财富。一个人拥有智慧、慈悲、信仰、欢喜、满足、**惭愧**等，这些都是我们的财富也。《金刚经》云：若人以四句偈与人广结法缘，即胜过三千大千世界的七宝布施。所以，富者与穷者应做如是观！

乐观进取

世间上有万千种的众生，但也有万千种的性格。有的人懒散懈怠，有的人乐观进取。懒散懈怠的人，每天活在无精打彩之中，觉得世间事无一可为，天下的人都有负自己，整日里只会怨天尤人，自我制造忧悲苦恼、愤慨不满，好像人生就是为了痛苦而活着，这种人实在令人替他感到可惜复可悲。而乐观进取的人，终日怀着积极向上的观念，对前途充满了希望，生命里好像有无限活力，看得开、放得下，觉得芸芸众生都是自己的好因好缘，他不但自己享受欢喜愉快的生活，而且散发着喜悦花香给人。

我们不要怨怪别人待我如何，先要检查自己的性格如何？你积极向上，奋发勇敢，热爱工作，自然就能体会出生命的意义。否则怨天尤人的思想，消极闭塞的观念，忧悲苦恼的心情，怎么能在广大的人群中，和他人一较长短呢？

所谓乐观进取，如孔子的"发愤忘食、乐以忘忧"，孔子的一生教不倦、学不厌，不知老之将至。跋提王子山中居住，钵衣一饭，仍然乐在其中。即将退休的美国总统克林顿，他为自己的未来规划人生，我们从电视影片中看到他自己扫地、在洗衣机旁洗衣服、冲洗汽车、擦拭地板，他的豁达开阔，提得起、放得下，主要就是由于他有乐观进取的精神，能够放下自在，安排自己的新生活。

乐观不是自我的享受，是积极进取的利人。乐观的人不会为了小事而苛责于人，金代禅师的"不是为生气而种兰花"，不但自己活出快乐，也让周遭的人如沐春风。

乐观的人，永远为自己"比下有余"而庆幸；悲观的人，永远为自己"比上不足"而遗憾。乐观如明灯，照亮希望的前程；消极如毒品，腐蚀健康的心灵。乐观进取，才能面对喜悦的人生，才能活出希望与信心。

每个人一天都有二十四小时，有的人用吃喝玩乐来打发时间，他的人生必然是糜烂而没有成就的；有的人以服务世人来充实生活，他的人生则是积极而有意义的。同样的时间，却活出不一样的人生，可见培养"乐观进取"的人生观，实在不容漠视。

成功的定义

　　世间上，有的人创业能顺利成功，但也有人做事一无所成。世间上，有的人治学有成，跻身专家学者之流，但也有人庸碌一生，平凡以终。

　　农夫耕种，能够丰收，就是成功；工人生产，业绩增加，就是成功。现代的民主选举，胜选即是成功，落选即是失败。过去，有的人自己创业成功，也有人为人抬轿、助人成功，所谓"一将功成万骨枯"，这是大家帮助他的成功。

　　有的人成事不足，败事有余，这不但是时运不济，也是因缘不具。有的人，表面上是成功的，但内在里是失败的；也有一些人外形是失败的，但合算起来还是成功的。例如，曹孟德雄心万丈，挟天子以令诸侯，在当时是成功的，但在历史上做人是失败的；文天祥、史可法，败军之将，成为俘虏，看起来是失败的，但是在人格上，他们是成功的。

　　成功与失败，往往只是一线之隔。成功的人，心生骄慢，骄者必败；失败的人，不必气馁，失败乃成功之母。世间上，不管金钱失败、事业失败、爱情失败，都不重要，只要做人不失败，那就是成功。

成功的定义，不是权位上的高低，不是经济上的贫富，不是学问上的有无，不是身材上的高矮，而是道德良知上的一把秤，会秤出你的成功与失败。

有的人杀身成仁、舍生取义，你说他失败吗？有的人位高权重，富甲一方，却如过街老鼠，甚至骂名千古，你说他是成功的吗？因此，成功与失败都不是绝对的，重要的是，自己的心中是否有一把道德良知的度量衡呢！

结缘的重要

世间上最宝贵者，并非黄金白玉，也非汽车洋房，最可贵者乃是"缘分"。人与人要有缘分才能合好，人与事要有缘分才能成功，人与社会，乃至事事物物、你、我、他等等，都要有缘分才能圆满功德。

"缘"之一字，意义甚深。结缘就是播种，不播种，将来怎么能有收成？结缘愈多，银行的存款也就愈多，银行的存款多了，还怕事业没有成就吗？世间上的一切功成名就，都有原因，而一个人要想成就一番事业，必需要靠"因缘"。

世界上有的人富可敌国，但是没有人缘，到处被人嫌怪；有的人贫无立锥之地，反而到处受人欢迎，这都要看他平常是否与人"结缘"。

佛陀告诉我们："未成佛道，先结人缘。"结缘的方法很多，例如对人行个注目礼，就是用眼睛跟他结缘；赞美某人很好，就是用口与人结缘；或是用服务、用技术、用心意、用道理都能跟人结缘。

"缘"不是佛教的专有名词，缘是宇宙人生的真理，缘是属于每一个人的。人的一生中都是在"缘"中轮转，例如机会就是机"缘"，众"缘"和合才能成功。建房子少个一砖一瓦，都不算完成。在人生的旅途上，有的人碰到困难就会有贵人适时相助，这都是因为曾经结缘的缘故。所以今日结缘就是来日患难与共的准备，"结缘"实在是最有保障的投资。

"给人利用"也是一种"结缘"。人不仅不要怕给人利用，有东西也不要怕给人分享，因为人与人都是相互关系的存在，彼此是一种因缘的组合。因此，"给人"就是给自己，帮助别人就是帮助自己。

"结缘"能化解嫌隙，平日抱持"结缘"不"结怨"的态度，容他、耐他、化他、度他，待时机成熟时，一定可以获得对方的好因好缘。

人是依靠因缘而生存在这个世界上，一个人的力量是单薄的，应该多多广结善缘，因缘愈多，成就愈大。有时一句好话、一件善事、一个微笑，都能给我们的人生广结善缘，成就大好功德。所以，每个人都不能轻易放弃任何结缘的机会。结缘，使我们的人生更宽阔，前途更平坦。积德结缘的人生，才是幸福的根源。

责任与承担

　　每个人一出生，就背负着对自己、对家庭、对社会、对国家的责任。生命本身，就是责任。责任是利他的行为，是勇者的担当，是有为青年的抱负。

　　人既付我以责任，就应该勇敢地担当。有责任感的人，只问事之当为不当为，不计成败得失；有责任感的人，不计事情的难易，必能全力以赴，完成他人的托付。

　　责任感是人间最高贵的情操。负责任的人都是有为者；不负责任的人，不管能力再强，也是庸才。一个人对自己的选择要负责任，只要负责任、肯担当，世间上没有解决不了的事情。

　　"承担"能给人力量，也可以具足信心；人只要肯承担，就能有成就。人不仅要勇于承担责任，更要有勇气承担自己的错误；承担、忏悔，就能进步。犯错时，不敢承担悔过，反要执着、反要诿过、反要找人护航说情，则事情怎么会有成功之望呢？

　　一个人在学习过程中，不怕没有人重视，不怕没有机会发挥，最怕的就是自己没有负责任的勇气。一个人能承担多少责任，就能成就多少事业。有责任感的人，自己可以克服困难，自己能够开创良机。怕负责、怕承担，最后只有一败涂地、一事无成。

人生是由许多经验累积而成，所以在跨出第一步时，要"敢"。只要敢负责任、敢担当、敢接受、敢尝试，天下没有不能完成的事。即使遇到挫折也不必害怕，重要的是自己是否有力量承担，而承担的力量来自于生忍、法忍。忍就是力量，就是承担，就是智慧。一个人能够吃得起亏、忍得了辱，还能甘之如饴、面不改色，才能造就包容天地、忍耐异己的胸襟。

谦让是美德，但谦让须凭理法。不应让而让，是不尽责任；应该让而不让，则是恋栈。做人处世，在名利上要淡泊，在责任上则要认真。要培养承担责任的力量，首先要把自己和社会结合在一起，要自我健全、自我勇敢。要不怕困难、不计利害，尤其要能够勇于面对自己的缺点，并且加以改进，这不但是自我的责任，这也是自我的承担。

国王的新衣

"虚假"是人类用来自我保护的面具，人们因为戴上了面具，因此真假难辨。

现在的一些党政要员，很多人虽然清楚知道党内有关黑金、黑道的内幕，然而他就是不肯说真话，只是曲意奉承、迎合上意，这不就是"国王的新衣"的翻版吗？

在官场中，也有很多人为求得一官半职，不惜践踏人格，趋炎附势，逢迎拍马；甚至在党派彼此倾轧中，对失势的一方极尽打压，成为白色恐怖的帮凶。

一个国家，如果以这种方式成名的人物太多，国又如何成国？团体也是，一个团体中，如果大众只是一味奉承主管，这个团体就不容易进步了。

历史上，缔造盛唐之世的唐太宗，因为他肯接纳谏臣魏徵的诤言，故有"贞观之治"的政绩留名青史。现代的魏徵在哪里呢？

正在上演的"雍正王朝"中之康熙皇帝，因为深知"民为邦本，本固邦宁"的道理，因此语重心长地直言：世间上灾民最可怕，不照顾好就会酿成祸害。所以，救灾如救火。"国王的新衣"能抵挡得住灾民吗？

古今的帝王元首，之所以经常微服出巡、探访民隐，这也是因为他们都很清楚人民的重要，而不以"新衣"为重要。

历代许多帝王，凡是礼遇大臣者，这个朝代都会促进政通人和。例如周文王访姜太公于渭水之滨、刘玄德对诸葛亮三顾茅庐，他们都能在纷乱微弱的气势中，成就帝王的事业；周公握发吐哺、汉光武重视功臣，这都说明了帝王之道。

自古以来，凡是敬天爱民者，都能做好帝王将相；反观现代有许多人公器私用，拿政府的公器营一己之私利，这样的人纵使得逞，骗得了一时，骗不了一世。因此，今后在民主时代中，凡是有心为政者，"国王的新衣"实在应该引为殷鉴。

立志与发愿

运动员参加赛跑的时候，需要有终点；参加射箭比赛的时候，需要有鹄的。在人生的旅途上，也需要有目标，才能勇往直前。

立志发愿就是确立目标。每个人从小或多或少都曾有过想要当一个科学家，或是做一个教育家、工程师、飞行员、医生等梦想，这就是立志。然而长大以后，真正如愿以偿的能有几人？这当中有些人固然是因为有了新的人生规划，然而多数人则是因为没有愿力做后盾，因为失去了前进的动力，不能坚持理想，所以导致半途而废，无疾而终。

立志发愿就像汽车加足了汽油，又如时钟上紧了发条，产生了前进的动力，所以转动不停。反之，一个人如果没有志向目标，就如船只缺乏指南针，如何在茫茫大海里航向彼岸？又如光说要去朝拜五台山，二年、三年都没有行动，又怎么能朝山而归呢？

立志发愿是推动我们成圣成贤的力量。在佛教里，诸佛菩萨因地修行时，没有不立下恢弘大愿的。例如：阿弥陀佛的四十八大愿、药师如来的十二大愿、普贤菩萨的十大愿、观音菩萨的十二悲愿等。佛菩萨发了愿，正如学生订了功课表，有了目标，有了动力，才能循序渐进地逐步实现理想。

古来多少圣贤英雄，也是靠立志发愿而有成。例如：玄奘大师发愿光大佛教、梁红玉巾帼不让须眉等。因此，做人必须要立志发愿，立志才有目标，发愿才有动力。今日社会尤其需要人人立志发愿，例如：身为警察的，要发愿恪尽职守、除暴安良、打击犯罪、消除社会的歪风邪道；身为家庭主妇的，要发愿孝顺公婆、教育儿女、体贴丈夫、确保家庭的和谐美满；身为学生的，要发愿用功读书、孝顺父母、尊敬师长、和睦朋友、做个品学兼优的好学生。甚至人人都可发愿，每日把欢喜布施给别人，把快乐分享给大众，使社会充满祥和之气。

发愿就像开采能源一样，心里的能源是每个人取之不尽、用之不竭的最大财富。唯有人人经常立志发愿，才能为自己留下历史，为家庭留下贡献，为社会留下慈悲，为世界留下光明！现在请问：你发下什么样的志愿呢？

信用与名誉

古人云："人无信不立"，"信"之一字，乃"人""言"也。一个人如果讲话没有诚信，就如"九色鹿"故事中的"人中鹿"，即不成其为人也；反之，一个守信用的人不但能够赢得别人的信赖，而且善名美誉也会随之而来。

信用是维系人我关系的纲常道德，守信用的人，必然是个讲义气的人。信义是立业的根本，也是中国传统的美德，背信忘义则是人格操守的一大污点。在日常生活中，时时都可以考验一个人是否守信用，例如约会守时否？讲话诚信否？承诺兑现否？

信用是既经承认了的诺言，必定终生履践之。佛教讲"不妄语"，就是守信用。有信用的人，绝不会"信口雌黄"，也不会"信口开河"，更不会"信口胡说"，而能对自己的承诺负责到底。所谓"君子一言，驷马难追"。除此之外，如不仿冒、不盗印、不做伪证、不诈欺、不非法侵占、不恶性倒闭等，都是守信的行为。能守信用的人，一句话胜于法律；轻诺寡信的人，即使订了契约，也难保靠得住。

信用，是一个人成功的里程碑。在商场上，信誉就是无形的资本，珍惜信用，不但为自己增添资本，也能成就别人的好事。信用不只在商场上无往不利，家庭中，夫妻之间、父母与子女，乃至情侣、朋友、同事之间，甚至国与国之间，更不能因利而背信忘义。

春秋时代群雄并起，局势混乱，晋文公为了对楚成王信守承诺，故而"退避三舍"，成为履行诺言的高贵行为；秦末楚汉相争之际，项羽帐下的大将季布，重视然诺，故有"得黄金百斤，不如得季布一诺"之语。

信用即财富，所谓"一诺千金"，金钱丢了可以再赚，名誉丢了则永难弥补。因此，小至个人立身处世，大到国际的永久和平，都不能丧失信用。信用是我们能立身于天地之间的基础，岂能小觑乎？

勤俭的美德

"勤能补拙、勤则不匮"，这是说明勤劳的习性可以补足能力上的不足。"俭则致富、俭以养廉"，这是说明俭朴的生活可以养成廉洁的美德。只是，一般人并不容易保持勤俭的生活态度。

美国富豪洛克菲勒，每次出外洽公，总是住宿在二等的旅馆里。有一位服务员好奇地问他："令公子每次光临，都是住头等客房，为何你只住二等客房？"洛克菲勒幽默地回道："因为我的儿子有一个富有的父亲，但是我没有。"

这虽是一则笑话，却也说明了一个道理：勤俭生活是经济的要领，所谓"吃不穷，穿不穷，算计不到一世穷"。

我们每个人的一生，应该节省的东西不只是物质上要节俭、金钱上要节俭，甚至对感情上也要节俭、时间上也要节俭，不能轻易浪费生命。唯有能节俭的人，才是最富贵的人，浪费奢侈的人，则是最贫穷的人。

长期以来，由于经济发达，民生物用充裕，造成社会的奢靡之风炽盛。现代的年轻人更由于过惯了养尊处优的生活，所求得来太易，不但不懂得节俭惜福，更不知"要怎么收获，先怎么栽"的道理。因为不肯付出心力，一心只想享受现成，因此造成现代青少年极端的个性：当有的时候，极尽奢侈浪费；当没有的时候，就到处行抢偷窃；当生活不足的时候，就任意胡作非为，因而带来社会的诸多问题。

其实，世间上没有不劳而获的东西，不是靠自己的辛苦而获得的东西，都不会长久。世间上有好多人偷安逸闲，以为勤劳精进是吃亏，偷懒懈怠是讨便宜。实际上，中国民间家喻户晓的"龟兔赛跑"的故事，正说明"勤能补拙"、"一勤天下无难事"，勤劳是成功的保障，勤劳是美德。反之，懒惰懈怠是恶习，懒惰不肯奋发的人，即使拥有盖世才华，也永远用不到自己的长处，这是自毁前程，殊为可惜。

从古至今，海外的华侨无论走遍世界各地，之所以能够成功致富，就是由于中国人有勤劳节俭的美德。勤与俭，古来就被中国人称为美德。不惮辛苦、勤劳节俭的人，可以成功，勤俭的重要，由此可知。

可怕的执着

人生的烦恼有千万种，身体上有老病死的烦恼，心理上有贪瞋痴的烦恼，其中最难处理的根本烦恼就是"我执"。我执就是八万四千烦恼的统帅；因为执"我"，所以我疑、我嫉、我见，烦恼不已。

有些人落水要命，上岸要钱，这是因为执着自己的生命比金钱重要；有些人在名利之前，他就罔顾仁义，这是因为他邪见，执着名利比仁义重要。这也是说明了凡是与我关系愈密切者，我就会有利害的执着。

不好的习惯，不容易改进，也是因为执着；不当的言行，不容易纠正，也是因为执着。在生活中一些认知上的执着、思想上的执着、观念上的执着，如果是有事有理者还好，有时候执着一些非法的言论思想、执着一些非法的邪知邪见，则叫人难以相处包容了。

世间上的事是"法无定法"的，在处理过程中，要懂得融

通变化，此路不通，还有别路；此法不好，还有他法，不可一意
孤行地钻牛角尖。如寓言《愚公移山》中的愚公所言："汝心之
固，固不可彻。"执着的人，因为顽固不化、固执己见，在待人处
事上往往刚愎自用、墨守成规，不肯与人为善，不能从善如流，
不愿察纳雅言。因为有这些个性上的缺失，因此在事业上很难
有所成就，在人际关系上也很难获得人缘。

　　说到"执着"，即使悟道的圣者，有时也会有"我执易除，
法执难舍"的择善固执。但若对无意义的人我是非，只一昧地
愚痴、执着，那就令人难以恭维了。

　　"执着"之害，如同走路时，你不放弃后面的一步，如何迈
出向前的一步呢？能放弃执着才会有另外的一番天地。执着中
最难解者，不外就是爱、瞋的执着，我执、我爱、我怨、我见的
情愫所引起的邪知邪见，就像桎梏绳索，紧紧地束缚着我们，
致使我们产生数不尽的烦恼。解开"执着"的微妙法门，不外
乎运用佛法的般若、智慧、观念。不如此，人生又焉能解脱自
在呢？

耐烦有恒

在"快餐文化"的潮流影响下，现代人凡事都讲求速成，修行的人希望当生成就，做学问的人希望即刻金榜题名，经商的人希望一夕就能致富等等。俗语说："强摘的花不香，强采的果不甜。"无论做什么事，没有经过养深积厚、韬光养晦，哪能把事情做好？因为"一年的树木只能当木柴烧，十年的树木只能当桌椅用，百年的树木才能成为栋梁"。因此，"饭未煮熟，不能强自一开；蛋未孵熟，不要妄自一啄"。能够经得起岁月的熬炼，能够耐烦有恒，才是成功的根本。

"耐烦"是一种艺术，"有恒"是一种希望。耐烦、有恒，读书才会通晓；耐烦、有恒，修行才有成就；耐烦、有恒，做人才能通达。古人为了功成名就，十年寒窗，万卷苦读，因为有恒而成功的例子不胜枚举。例如汉朝董仲舒，年轻时代立志向学，三年不窥园，终于成为一代的名儒学者；晋朝王羲之，临池磨砚，写完一缸水又再换一缸，终于成为旷古的书法大家。

耐烦有恒，才会根深柢固；根深柢固，枝叶才会繁茂。世界上，只要肯耐烦学习，没有不能成就的事。

甘肃有名的敦煌石刻，是经过多少朝代、成千上万的艺术家们穷尽一生的智慧与生命，才能完成的奇伟杰作。如果没有这些艺术家耐烦有恒地雕刻，今日如何能有万丈光芒的艺术品流传于世？

耐烦有恒对于成功立业实在太重要了，然而"不耐烦"几乎成了今日青年们的通病。没有恒心，也看出今日青年们的肤浅。现代青年缺乏安住的耐心定力，不但身心浮动，经常更换工作，尤其对工作不耐烦、没有恒心，不能安于自己的岗位，如此怎能让主管放心地把责任交付给他？一个不能受到主管信任、器重的人，如何能够成功？这正是所谓"滚石不生苔"，经常滑动的石头如何能成为坚固不移的磐石呢？所以今日我们应该时时自问：我读书耐烦吗？我工作耐烦吗？我对人耐烦吗？如果不耐烦而又没有恒心，即使掘井九仞，最后还是功亏一篑，仍然没有水喝。所以立身成功的秘诀，只在于"耐烦有恒"而已。

是非的可怕

"是非朝朝有，没有现在多"。现代的家庭、社会、朋友、兄弟、夫妻等……真是此亦是"是非"，彼亦是"是非"，到处"是是非非"，搅乱得大家纷扰不已。

人生本来是很快乐、美妙的生活，可是"是非"像瘟疫不断地侵扰着你，有时候躲也躲不开，所谓"好事不出门，坏事传千里"，这证明"是非"有无比的力量。"道高一尺，魔高一丈"，诚不虚也。

有的人把别人的好事，说成坏事；有的人把自己的坏事，说成是好事；混淆是非，让人捉不着，也摸不透，找不出事实的真相。

是非与谣言，如难兄难弟，本来就很难划清界限。只要有人说"大家讲的"、"别人都这么说"、"他们都说得千真万确"，这就成了是非与谣言。

佛教里把妄语、两舌、恶口、绮语都认为是"是非"。国

一滴水，能汇聚成汪洋大海；
一粒种，能收获成满仓谷粮；
一句话，能流传至千秋万世；
一颗心，能蕴涵有无尽宝藏。

水滴甚微，积之成渊；土尘甚微，累之成山；
跬步甚微，积以千里；小善甚微，累成大德。

际间强权者就为"是"，弱势者就为"非"；社会上有钱者就为"是"，无财者就为"非"。更有一些别有用心的人把"非"说成"是"，把"是"说成"非"，翻云覆雨，只靠如簧之舌；甚至现在传播媒体颠倒世间，无所不用其极。

有的人被是非所困，扰攘终日不得安宁；有的人给是非陷害，丧失了本有的成就。曾子的母亲，有一天有人告诉她：曾子杀人了！她当然不信，但当第二个、第三个人告诉她：曾子杀人了！她也不得不信。所谓"三人成虎"，是非谎言，怎不可怕？

但是，世间上并不是真的不讲真理，所谓"人在做天在看，人在说天在听"。宇宙间大道之行，"是"的终究是"是"，"非"的终究是"非"，因果是不能改变的，是非当然也不能异位。"善有人欺天不欺，恶有人怕天不怕"，是非在因果之前，必定会还给你一个公道。

是非、善恶、因果明明白白，可惜多少人为了是非，生活不能自在，甚至有人经不起谣言，以自杀来表明清白。其实，"清者自清，浊者自浊"，是非止于智者，我们应该做到"不说是非、不听是非、不理是非、不传是非、不怕是非"。"是非"又岂奈我何？

"来说是非者，便是是非人"，我们只要凡事无愧我心，不一定尽如人意。只要我们行得正、做得正，面对是非，何足畏哉？

自我改造

现代人时兴瘦身、美容等"改造"的功夫，甚至追求时尚的品牌服饰、流行的化妆等，却忘了要用心改造一下自己的个性、习惯、观念、人际关系。能够把不好的改好、把不善的改善、把不正的改正、把不美的改美，这是人生最基本的生活品质。

所谓改造，就是重新塑造自己。历史上的圣贤君子，不是天生所成，而是经过不断地学习、不断地改造，方能致之。当一个人童稚的时候，要靠父母来改造自己；青少年时，要靠老师来改造自己；长大成人之后，则要靠自己来改造自己。有的人对自己行事的错误、思想的错误、言语的错误，往往不知道要自我改造一番，结果这种行为不端、恶习不改的人，最终不但一事无成，而且必定遭人唾弃。

儒家的"一日三省吾身"，佛教的"往昔所造诸恶业，一切我今皆忏悔"，都在说明平常就要忏悔自己所有愚痴的行为。如贪欲心重者，要用喜舍心来改之；瞋恨心重者，要用慈悲心来改之。

经云："人不可能没有过错，举心动念都在造业。"一旦发觉自己有了过失，必须要自觉地自我改造。梁启超说："今日之我不惜与昨日之我宣战。"儒家也有"苟日新、日日新、又日新"的自我改造之言；佛教里的沙门生活规范是"勤修戒定慧，息灭贪瞋痴"，因能时时拥有戒定慧的武器，当然就能降伏贪瞋痴。

"工欲善其事，必先利其器"，修改房屋、修改衣服、修改桌椅，都需要靠工具，我们要改造自己的忧悲苦恼、错误行为，需要靠什么样的武器呢？例如：洗碗要用洗碗精，擦地板要用非肥皂，除锈要用润滑剂。改造自我的洗碗精、非肥皂、润滑剂在哪里呢？

惭愧可以洗涤我们的懈怠，正见可以击退我们的邪见，慈悲可以温暖我们的心房，精进可以鼓舞我们的力量，知足可以增加我们的财富，去恶可以督促我们的行善，持戒可以规范我们的行为，净念可以庄严我们的世界。

"往者不谏，来者可追"、"从前种种譬如昨日死，以后种种犹如今日生"，每个人一定要懂得自我改造，才能从改造中自我成就。

惭愧知耻

世界上最名贵的衣服，不是珍珠衫，也不是羽衣裳，更不是绫罗绸缎、貂皮大衣，而是"惭耻之服"。惭愧知耻是最美的服装，是最好的化妆品。一个人心中如果懂得"惭愧知耻"，自然能够散发高贵庄严的气质，所以佛经说："惭耻之服，无上庄严。"

所谓"惭愧"，惭者，怕对不起自己；愧者，怕对不起他人。惭愧就是对自他不好的行为、心念，感觉羞耻，知道忏悔、改正。有了惭耻之心，可以激发一个人奋发向上。曾任六国相的苏秦，因为"耻"于父母不以其为子、嫂嫂不以其为叔，感到功名无成，因此悬梁刺股，发愤苦读，终于成就不世伟业。蜀主刘备，因为"惭愧"自己身为汉室宗亲，却无力匡扶天下，因此奋起，号召天下英雄起义兴汉，终于创下"三分天下"的局面。

一念惭愧、一念反省，高贵的品格、清净的自性就能升华起来。一个人如果能够时时仰无愧于天，俯无怍于人，则此人的道德梵行就几近于圆满了。反之，一个无惭无愧、恬不知耻的人，往往因为道德良知被贪心物欲、瞋恨嫉妒所蒙蔽，因此无恶不作，自然就失去人格。没有人格的人，则如树木无皮，无皮之树，怎能开花结果？

现在社会上经常听到有人不满国家社会对自己照顾不周，怨怪亲人朋友对自己不好，然而自己何妨想一想：我们对国家又贡献了什么？我们对亲人又有什么样的照顾？假如我们能够懂得惭愧反省，念及国家的保护、父母的养育、师长的教诲、亲人的关怀、朋友的支持，我们除了"惭愧"之外，感恩尚且不及，哪里敢去怨天尤人？

儒家有谓："知耻近乎勇。"有一念的惭愧，就有一念的善根。一个人不怕能力不如人，也不怕曾经犯错，只怕消极颓唐、自甘堕落。曾经有一个品学兼优的学生，只因衣服上不慎掉了一颗纽扣，遭到老师当众责罚，假如当下能够反省，品学必然更加增进，但是此生却从此自暴自弃。所以，今日的教学方法，老师也应该以养成学生的自尊心及自我处罚的惭愧方式，来重新评估价值。

有惭愧心的人，自能改过向上，自能敦品励行。假如每一个人从小都能培养惭愧知耻的心，经常"惭愧"自己的无知、惭愧自己的无德、惭愧自己的无能、惭愧自己的不足，能够把"惭愧"培养成为自己身心思想的全部，把"惭愧"表现在行住坐卧、语默动静之中，必定能够增长德业，无往不利。

真正的平等

有一只猫，捉到一只老鼠。老鼠对猫抗议道："你是生命，我也是生命，大家应该平等相处，你怎么可以吃我呢？"

猫一听，没想到老鼠也懂得平等，还要求平等。那好，猫就告诉老鼠说："我就给你吃吧！"

老鼠说："你是猫，那么大，我怎么吃你呢？"

"你那么小，既然不能吃我，那我就吃你了！"

老鼠默然！猫说："不要再抗争了，这本来就是很平等的嘛！"

平等，不是用强制的手段逼迫对方就范；平等，应该视人如己，互易立场；平等，应该顾及对方的尊严、权益。唯有人我共尊，才能达成彼此的平等。

佛陀说："四河入海，不复河名；四姓出家，同为释姓。"佛教主张"人人皆有佛性"，这种本性上的平等，才是真平等。

不过，理上虽然"生佛平等"，事上却有"因果差别"。因此，从本性上说，虽然人人皆得成佛；但在事相上，因为各人的福德因缘不一,就有圣凡之分。所以,"平等性中,绝生佛之假名;真如界里,无自他之形相",这也是平等。

儿女与父母要求平等,认为父母为什么一定要坐上座?儿女要求与父母平起平坐,这是不懂伦理,而非平等,因为平等要"长幼有序";属下与长官要求平等,认为长官能,为什么我不能?属下要求与长官同等待遇,这是不懂规矩,而不是平等,因为平等要"尊卑有别"。

真正的平等是立足点的平等,而非齐头式的平等。一场赛跑,每个人的起跑点都一样,但是枪声一响,大家奋勇向前,各人的速度快慢不一,彼此各凭本事争取第一,不能要求大家同时抵达终点,这才是真正的平等。

渔夫靠海吃海,平日捕鱼维生,大家认为理所当然;山中的樵夫捕捉鸟雀,大家却以保护候鸟为名而大加挞伐。难道伯劳应该保护,乌鱼就该饱人的口腹?平常社会上遇有紧急灾变,如九二一地震、梅山矿灾等,各界莫不发挥同胞之爱,纷纷施以援手;然而这只是一时的平等,社会上更需要的是,平时的平等。

"平等"的主张可以消弭人世间的不公平。平等必须植基于人我互尊,要能不分大小、不分贫富,都要互尊,才能做到自他平等。自他、生佛、性相、事理都能平等,才能带来世界的和平。

虚荣与务实

现代的青少年，只重外表，不求实际，所谓"金玉其外，败絮其中"。有一个笑话，可以说明虚荣心的毫无意义、毫无价值。

有两个人在吵嘴，吵得不可开交，旁边围拢着一群爱慕虚荣的人，想替他俩劝解。

首先，有一个装金牙的人，说道："请你们不要吵了，让我来给你们陪个笑吧！"说着就咧开满嘴的金牙大笑起来。

这时，有一个脸上擦粉的人，很快地站起来，指着自己的脸说道："请你们不要吵了，赏给我一个薄面吧！"

手上戴着金戒指的人，立刻握起拳来，在空中挥舞了一下，说道："你们如果再吵下去，我就给你们一人一拳。"

脚下穿着新皮鞋的人，说道："你们如果还要再吵，我可要给你们一人一脚。"说着，撩起裤管，作势将脚抬了起来。

一个身上穿着新衣服的人，奋勇向前大声说道："请不要再吵，一切都看在我的身上吧！"说着，拍拍自己的胸膛。

这一群好虚荣的人，不能用道理来说服人，也不知用道德来感化人，只用穿着来夸耀自己，难道衣服、鞋袜能够表现一个人的伟大崇高吗？甚至有的人，不只日常用品、穿着衣物，都要讲究名牌，尤其凡事爱出风头、喜欢受人赞美、经常吹捧自己等等，诸多浮华不实之事，都是虚荣心的表现。

其实，做人应该实事求是，不要打肿脸充胖子，不要逞一时之快，凡事要脚踏实地，要争千秋，不要只争一时。

越王勾践的卧薪尝胆、诸葛孔明的隆中养精蓄锐，多少人的十载寒窗，多少人的生聚教训，都在说明，从务实勤劳里才能成功。反之，一个人如果只学会虚荣，而不肯务实地做人，就如一棵没有根的树，是很容易枯萎的。又如一栋地基不稳的大楼，随时都有倒塌的可能。所以我们应知，虚荣只是一时的，务实才是永久的。玄奘大师的"言无名利，行绝虚浮"，正是我们最好的学习典范。

快乐之道

　　快乐，这是人人所希求的！世间上，有的人以为有钱就会快乐，但是钱带给人烦恼痛苦的例子不胜枚举。所谓"人为财死"，盗匪杀人，不都是见财起意的吗？

　　世间上，也有许多人以为"快乐的来源是有爱情就好"。爱情很美，但爱情带给人的痛苦更多。社会上多少不幸的悲剧，都是源于"情关"难过；多少人为情所困，导致身败名裂，甚至于"春蚕到死丝方尽，蜡炬成灰泪始干"，不都是为情而引起的吗？

　　有的人认为有了名位就会快乐。名位可以满足人的雄心壮志，但一般人名位高了，往往不懂得普利大众，只知高高在上，反而失去了群众，甚至失去了自己。也有的人以读书为乐，但一般人书读得愈多，愈容易起分别、起执着，所谓"思想问题"，读书倒反而成为人生的死胡同。

　　我们追求快乐，快乐究竟在哪里呢？

第一，快乐在自己的心里。心里的满足、心里的包容、心里的智慧、心里的信仰，心里可以制造出快乐的源泉。

第二，快乐在真情道义里。人贵真诚，待人以真、待人以诚，这真情道义，就是快乐。

第三，快乐在人我友谊里。人不能没有朋友，朋友之交，相互提携，这友谊就是快乐的源泉。

第四，快乐在看破解脱里。人能看淡世事，从忧悲苦恼中解脱出来，如此，快乐不就在看破解脱里吗？

金钱，不是不快乐，只是人要会用钱，不要被钱所奴役。爱情也不是不快乐，但是爱情要净化、升华，不能自私、染污。名位也不是不快乐，若能把众望所归的成就，再来分享大众，人我两利，岂不更好？

我们不要每天只是追求外在的感官之乐，例如眼观色、耳闻声、鼻嗅香、舌尝味、身感触，这种根尘的快乐是短暂而不真实的。我们应该追求"无住之乐"，所谓不住色声香味触法，应以"无住生心"，才是真正的快乐。唯有内心有真理、有法乐，唯有找到内心的宝藏，才能获得永恒的快乐。

容人的雅量

　　人是非常复杂的动物，有地域的不同，有性别的差异，有年龄的悬殊，有职业的类别，还有信仰、思想、兴趣、利害等种种的不同。人，虽然有这么多的差别因缘，但是彼此息息相关，要"缘"互助。因此，一个人如果没有容许异己存在的雅量，就不能体会因缘和合的佛法，就不能认识互相依存的真理。

　　语云："有容乃大。"大海容纳百川众流，所以才能成为大海；虚空容纳森罗万象，所以才能成为虚空；做人要能包容异己，人格才能崇高。故我们处事能多一分包容谦让，就少一分倾轧障碍，甚至更要包容对方无心的错误，这也是处世的一种尊重。

　　俗谚说："人外有人，天外有天。"包容别人，就是扩大自己。包容是促进人类和平的良方，再好的人也有短处，要彼此包容、谅解，"观德莫观失"才是人我相处之道。当我们嫌弃别人之时，相对的别人也会嫌弃我们，故能包容、化解，才能和平共事。一个人若没有包容性，对看不惯的人事就会放不下，就会痛苦，所以，生活中能有"容人的雅量"，才不会有"怨憎会苦"。

"做事要做难做之事，处人要处难处之人"，做事处人，都必须包容忍耐。包容是天地间最珍贵的德行，大海能包容鱼虾，大地能包容走兽，虚空能包容万物，而心更能包容一切。因此，为人主管，不一定要很能干，但要能像天地大海一般，包容所有，这才重要。

人，不要强迫别人一定要跟自己相同，须知"方便有多门，根机有多种"；人，更不必要求人人都顺从我的意思，眼耳鼻舌各司其职，才能成为健全的有用之人。有了铁路，再建一条公路，甚至再加高速公路，分工合作，才能发挥更高的功能。

经云："心包太虚。"只要心能包容，就可以拥有三千世界。反之，排斥愈多，失去的也愈多。一个人的心能包容一个家庭，就能成为一家之主；能包容一个城市，就能成为一市之长；能包容一个国家，就能成为一国领袖；能包容一个地球，乃至三千法界，就能和佛心契合无间。

人与人之间、人与宇宙万物之间都是不可分割的，彼此都是对方的一部分。如能视人如己，凡事能为他人多留一些余地，话不要说绝，事不要做绝，路不要走绝，做人更不能做绝，那么我们的人际关系必然和谐，社会必然安乐祥和。

生命的宝贵

上天有好生之德，人间有贫富贵贱，但是生命却是同等的宝贵。

路边的小草，从石缝中绽放出来，它在展现生命的力量。河水干涸了，鱼虾躲在泥沟里，它是为了珍惜生命。看到花草树木的生长，知道它们的生机，一如我们的生命；看到保护具有历史价值的建筑物，这也是懂得对历史生命的珍惜。

有的人，一顶帽子、一双鞋子，能穿八年、十年，这是爱惜物质的生命；有的人，本来可以用二十年、三十年的桌椅、沙发，却任由儿童跳跃、践踏，只用一年半载就破损、毁坏，这不是缩短了物质的生命吗？

"天行健，君子以自强不息"。天地所拥有的生命，生生不息。爱，就有生命；爱，就有生机；爱，就有存在；爱，就有延续。佛教倡导惜缘、惜爱、惜生、惜命，甚至喊出"情与无情，同圆种智"的平等真理，可以说对生命尊重到了极点。

　　自然就是生命。天地就如我们的父母，日月山河、飞禽走兽，都是我们的同胞，都是我们的兄弟姐妹，所以"民胞物与"，才知道生命的可贵。

　　一粒种子，可以生长千万的果实；一泓细流，可以长养无限的生命。春夏秋冬，都是在孕育生命；慈悲喜舍，都是在成长生命。生命的意义，不是奔走钻营；生命的目的，不是一宿三餐。人的一生，无上的尊严；人的一命，无价的宝贵。

　　人生不能空过，生命不能虚掷。人生的意义不在恋眷长寿，也不在永生不死，应该是如何发挥我们有限的生命，把它的内涵做无限地扩充。正如火花，虽然瞬间即灭，却为人间留下灿烂的光彩。

　　物质是有限的，不能满足我们愿望；人情是缺陷的，不能长久和平相处；根身器界是无常的，春秋岁月会带来四大离散。但是生命的宝贵，就在于能适应因缘，迎向美好的未来。

　　人的生命在平时固然值得宝贵，但在必要时能牺牲生命完成职责，更为可贵。所谓"无求生以害仁，有杀身以成仁"。求生以害仁者，虽生犹死；杀身以成仁者，虽死犹生。

　　人类为万物之灵，如果能够真心讴歌生命的宝贵，何愁世界不能展现她的美好呢？

高贵的谦卑

"满招损，谦受益"，愈是成熟的稻穗，头垂得愈低；成熟的果实，开花可以向上，结实都是向下。

中国人的礼节，非常注重弯腰、点头、敬礼、颔首、顿首、三跪九叩等。现在的西洋礼有脱帽、握手、拥抱，主要都是表示友好，表示自我谦卑。佛教更以合掌、问讯、礼拜，作为和诸佛菩萨接心，以及向对方表示尊重的恭敬。

佛教的许多经典，开头都是"稽首皈依"、"一心顶礼"，这都是透过身行的礼敬、口中的赞美、心中的尊崇，来表示身口意三业的谦卑。

现代的社会人士，经商的讲究"顾客至上"，中华航空公司更标榜"以客为尊"，这都表示自我的谦卑。因为谦卑，才显示高贵。

佛门里，慧可的"立雪断臂"，是求法的谦卑；理学家，游酢、杨时的"程门立雪"，是求道的虔敬。古代丛林的法师只可在讲主的胁旁偏坐，也是自谦的表示；求戒时，戒子要对戒师三请三叩，这才显示出求戒者的谦卑；唯有如此，才能显示出师严道尊的传统。

自古以来，唐尧虞舜之所以圣名远播、流芳千古，都是因为他们懂得谦卑。孔子也曾问道于老子，这并不表示孔子的无知，而是表示孔子的伟大谦卑。

有的人在师长面前表示谦卑，有的人在父母跟前表示谦卑，有的人在善知识之前表示谦卑。最了不起的是，有的老师在学生面前谦卑，更显示老师的饱学；有的父母在儿女面前谦卑，更显示父母的高贵。

佛陀经常恭谦地为有病的弟子煎药、倒水，这并不表示佛陀的渺小，这更显示佛陀谦卑的慈悲伟大。

在我们的生活中，夫妻相处，应该相互谦卑，才能增进感情；朋友之间，应该相互谦卑，才能增加道谊友爱。伯牙子期的知音、刘关张的桃园三结义、孔融对兄弟的让梨、老莱子的彩衣娱亲等，从这些古人的行谊中，都可以看出谦卑的高贵。

我们称赞大圣、大贤、大仁、大儒、大德、大师，无不以谦卑为道。所以，我们要大吗？谦卑就是最伟大的行谊，谦卑就是最高贵的情操。

观照一切

佛教有一个修行的法门，名为"观照"。凡今日社会人士，不管士农工商、政经名流，甚至演艺人员等，如果能够懂得"观照"，在生活中必有帮助。

"观照"什么呢？

第一，观照我与他人的关系，自问我是否有负于他人？

第二，观照我与物质的关系，自问我是否有浪费物资？

第三，观照我与金钱的关系，自问我是否有无理聚敛？

第四，观照我与情爱的关系，自问我是否有滥用感情？

第五，观照我与社会的关系，自问我是否有与社会互动？

第六，观照我与自心的关系，自问我是否做到心地清净？

人，往往只看到别人，看不到自己；看到表面，看不到内心。由于自他的"观照"不够，无法明白真相，因此产生烦恼。假如我们懂得"观照"自己，常常自我反省，明白我与社会人间的关系，才能自我健全。

《般若心经》说："观自在菩萨行深般若波罗蜜多时，照见五蕴皆空。"因为懂得"观照"，才能成为"自在"菩萨；因为"照见五蕴皆空"，才能"度一切苦厄"。

《观无量寿经》又名《十六观经》，例如观日、观月、观水、观地等，如果对大地山河、日月星辰，都能在内心里有安放的地位，自然就会我心与外境调和、本体和现象一致。如此观照，又何能不离苦得乐？

佛陀说教，要"观照"众生的根机，才能观机逗教；医生要观察患者的病症，才能对症下药；农夫要观看天时气候，才能适时播种；父母要求子女，也要明白子女的根性，才能给予适性教育。

所谓观照，才能彼此和谐；所谓观照，才能彼此相应；所谓观照，才能如鱼得水；所谓观照，我们才能得道。

经商的人，要做市场调查，这就是观照；建筑大楼，要对土地环境了解，这就是观照；从政的人，苦思解决民间社会的问题，这都是观照。

会观照的人，能够探测因缘的关系；能观照的人，能够深入了解事相的内容。禅者观心，心中有佛；净人念佛，佛在心中。心中有佛，佛在心中，还怕人生会不圆满吗？

说话的要领

　　说话，是一种技巧，也是一种艺术，更是沟通人际往来的工具。古今中外对说话的重要性有不少至理名言。例如《论语》云："一言以兴邦，一言以丧邦。"西方谚云："上天给人二目、二耳、一口，要人多看多闻而少说。"俗话说："赠人益言，贵比黄金；伤人之言，恶如利刃。"因此说话要合乎身份，要恰到好处，更要适可而止，切勿因失言而取祸，更勿因多话而令人生厌，或因说虚妄之言而被人瞧不起，乃至因轻言而为人所辱。

　　说话的目的是要沟通彼此的思想、看法，说话可以估量一个人的人格、个性和知识。一个人对一件事的看法、观点如何，在一番谈话之后，几乎可以表露无遗。因此，先思而后发言，可以减少说话的过失。

　　说话的重要，关系着一个人的前途和事业。一句赞美人的好话，可以使人心生欢喜，终身为其效命；一句伤透人心之言，可以使多年知己反目成仇，因此"口下留德"是做人很重要的修养。

说话时，态度要诚恳，语气要和善，遣词用字要婉转，不可盛气凌人。最好多说肯定句，少用疑问句，例如多说"当然"、"很好"、"没问题"等令人乐意接受的话。尤其，平时应该学习说令人感动的话，不要说讽刺别人的话；应说令人欢喜的话，不要说令人难堪的话；应说令人起信的话，不要说令人丧气的话；应说有益于人的话，不要说浪费别人时间的戏论。说话还要能皆大欢喜、面面俱到，要替别人留有余地，千万不可专横武断、强词夺理，更不可攻讦他人的短处，夸耀自己的长处。

说话如同射箭，射出去的箭就收不回来了，因此平时要谨口慎言。佛教的十善业中，口业便占了四项，即：不妄语、不两舌、不恶口、不绮语。如果说话断人希望，也是杀生。

人是为了欢喜才到人间，所谓"良言一句三冬暖"。会说话的人，首先考虑到的是，一句话说出来，是为了传达自己的意思，也是希望对方能欢喜接受，所以要学着说好话。会说好话的人，才能带给对方欢喜，也才能成为一个受人欢迎的人。

心的管理

"管理学"是现代最时髦的一门学科，有所谓的人事管理、财务管理、企业管理、仓库管理、档案管理，乃至学校管理、医院管理、饭店管理等。只可惜一般人都忘记了要"管理自己"，尤其是"心"的管理。

"心"是万物之本，没有把根本管理好，只管理枝末，人生怎么会圆满呢？能够把自己的心管理好，心正一切皆正、心净一切皆净、心善一切皆善，这才是最重要的管理学。

佛陀设教，他就是倡导"心"的管理。所谓"佛说一切法，为治一切心；若无一切心，何用一切法"？人都有自私心，如果没有把自私的心管理好，怎么有"天下为公"的观念呢？人都有疑嫉心，如果没有把疑嫉心管理好，怎么能以诚信待人呢？

此外，诸如成见、执着、愚痴、谄曲、悭吝、我慢等，都是心中的鬼怪，如果不加以好好管理，让心中藏垢纳污、百病丛生，又怎么能够服务公众呢？怎能担负起济世的重任呢？

佛法把心比喻为猿猴、牛马、盗贼，所谓"心猿意马"，表示我们的心像猿猴一样，跳动奔驰不已；又像狂牛一样，犯人禾稼；更如盗贼，不但抢劫别人的功德法财，也糟蹋自己的福德因缘。

俗语说："上梁不正下梁歪。"心之不正，何能做眼、耳、鼻、舌、身的领导呢？何能让眼、耳、鼻、舌、身成为善良之辈呢？当一个人连自己的身心都无法管好，又怎能管理他人之事呢？

我们的心，又如工厂，好的工厂出产好的产品；坏的工厂只会冒黑烟、排污水，造成环境污染。管理工厂很难，管理自心更难，若无佛法的戒定慧，何能将心管好？

我们的心，又如国王，普施仁政的国王，万民受益；暴虐无道的昏君，百姓受害。所以，"心如工画师，能画种种物"，心的管理比任何学科都难修学。但是，若有禅净的必修课程，又另当别论。

修学"心的管理"这门学科，不能完全依靠别人，必得依靠自己，把自己的真心、慧心、慈心、信心、定心、忠心等提升起来，然后由这许多的善心、好心来管理自己、管理环境、管理事物、管理团体。平日我们参禅念佛、早晚反省、喜舍行善、克己利他，都是为了把心管好。不如此，又如何能修满"心的管理"这门学科的学分呢？

观念播种

　　人的一生，成败的关键很多。"观念"的对错、正邪，是当中一个很重要的因素。有的人一心只想赚钱，在他的"观念"里，金钱胜于一切；他把赚钱看得比人格、道义都重要，因为心中只有钱，所以无法成就大事。

　　"观念"就像播种，播了什么样的种子，就结什么样的果。好的观念能够成功致富，成圣成贤；坏的观念只会沉沦堕落、邪恶如魔。

　　好的观念如黄金珍宝，一生受用无穷，兹举数语如下：

　　"人，要给人利用才有价值；人，要学习伟大，才能留下历史"。

　　"钱，用了才是自己的；有钱是福报，会用钱才是智慧"。

　　"人，心中要有'偶像'；有偶像观念，才能见贤思齐"。

　　"要做老大，先要懂得做老二；要做主管，先要懂得做属下"。

"要想收成，先要播种；要想人家待自己好，先要自己待别人好"。

一个人的成长在于"观念"的健全，随时调整自己的观念，才是进步之方。"观念"的善恶，也是处众的根本，能不能发挥善的力量，就看他是否在观念上能让大家接受。

观念就是财富。佛教的教义都是"法财"，过去常常被曲解，殊为可惜。如果我们能深入认识、了解，以佛法做基础，建立正确的观念，进而如法奉行，将是一生受用不尽的法宝。例如，六波罗蜜中，"布施"看似给人，其实是自己发财之道。"持戒"看似束缚，其实是自由平安之道。"忍辱"看似吃亏，其实是做人便宜之道。"精进"看似辛苦，其实是快乐成功之道。"禅定"看似呆板，其实是活泼安心之道。"般若"看似聪明，其实是内心明理之道。

再如五戒，不杀生，是不侵犯别人的生命；不偷盗，是不侵犯别人的财富；不邪淫，是不侵犯别人的身体；不妄语，是不侵犯别人的名誉；不饮酒，是不侵犯自他的健全。持守五戒，就是体现自由民主的真义。

世间上，任何事情都在观念的"一念之间"，学习好的、善的、美的一念，则人生自然富有。每天在思想上都能大死一番，对自我品德的增进，必定有所助益。

人我相处，必须靠道德来维护，道德观念有多重，人格就有多高。凡事都往好处想的观念，是人际相处的润滑剂，也是为人厚道的根本。一个人如果能从自己的心里制造光明的认识、芬芳的思想、洁净的观念，生产阳光、花朵、净水般的语言与他人共享，必能拥有一个真善美的人生。

空巢期的调适

中国古代以农立国，由于农村社会需要大量人力资源，每个家庭大都人丁旺盛，而且即使儿女长大成人以后，仍然与父母共同生活，因此三代同堂、五代共聚的家庭比比皆是。不但年老的父母有人奉养，又能含饴弄孙，充分享受天伦之乐，根本没有所谓的"空巢现象"。

现在工业社会，人口密集在大城市，加以多年前提倡"一个家庭二个孩子恰恰好"的政策，使得原本人口简单的家庭，在儿女长大后外出升学就业，正如小鸟离巢而去，留下夫妻二人面对空荡冷清的房子，这正是现在新一代的父母所普遍面临的"空巢期"调适问题。

骤然失去儿女环绕的父母，首先需要调适的就是面对冷清的家庭生活，以及对儿女的思念。其实，人生聚散本无常，有聚必有散，应用平常心看待。平常广结善缘，只要你有学有德，天下人都可以做你的儿女；假如为人父母无学无德，没有培养亲子关系，就算自己的儿女，有时也会形同陌路。

因此，只要你想得开，巢"空"了也很好，从此可以投身信仰、热心公益、享受兴趣的人生领域，一样可以活出自我的幸福来。

现代的年轻父母，不要等到"空巢期"的难堪，应该现在就要培养兴趣。例如读书、绘画、音乐、旅游、义工、修持等，如此才不怕将来面对"空巢"的寂寞。

兹有数点意见，供作参考。

第一，空巢里，儿女飞走了，可以聚集善友来访，当会充满空巢里的生气。

第二，空巢里，儿女飞走了，可以培养读书的习惯，书中自有人和事，书中自有安心处。

第三，空巢里，可以培养各种兴趣，如写字、莳花、植草、养宠物等，以此来美化空巢。

第四，空巢里，可以把关心扩展到社会公益，可以到校门口当爱心妈妈、到医院探望病人、到寺院和十方信者广结善缘。

第五，空巢里，可以培养信仰，用信仰代替家庭团聚。正如《维摩经》说：法喜以为妻、善心诚实男、四禅为床座、解脱味为浆。

只要拥有真心，巢"空"了，生命何"空"之有？

天堂在哪里？

　　经常有人问："天堂在哪里？"如果你对人间喜爱又安住，你就可以回答："天堂在人间！"如果你觉得人间里，人心险恶，是非混淆，你只觉得家庭的温暖、家庭的可爱，你就可以回答："天堂在家里！"如果你觉得家里的分子非常复杂，家人的意见也非常分歧，只有自己独处时才能找到片刻的宁静，你就可以回答："天堂在自己心中！"如果你的心里充满了瞋怒怨恨、愤世嫉俗、种种不满，那你就很可惜了，因为你的人生都没有天堂，日子又怎么好度过呢？

　　天堂在哪里？天堂在地狱的隔壁！

　　有一段趣谈是这么写的：天堂与地狱相隔的围墙被台风吹倒了，天帝与阎罗王相约各派工程师、律师与银行家共同成立"修复委员会"。阎罗王因天帝久久派不出人来，终于忍耐不住向天帝下达最后通牒，他要天帝负起后果责任，因为天堂与地狱之间如此没有区隔。天帝无奈地说："我天堂里实在找不出这许多人才来！"

　　还有一个故事：天堂与地狱的人吃饭筷子都是三尺长，地狱里的众生，每当有人夹起菜要往嘴里送，还没送到嘴边，就会被左右的人抢了吃，因此彼此怨怪，争吵不休；天堂里的人，一样用三尺长的筷子夹菜，但他们不是往自己的嘴里送，而是你夹给我、我夹给你，因此你感谢我，我感谢你，彼此和乐融融。

　　其实，我们每个人的心，每天都在天堂与地狱里不断来回，甚至在饿鬼、畜生，乃至在佛、菩萨等十法界中去来无数次。只要我们慈心待人，肯为别人服务，当下就是天堂；如果自私自利，心中充满猜疑嫉妒，当下就是地狱。

　　在世间上生活，就算身处"天堂"，如果不能认识它的美好，天堂也会转变成为"地狱"；如果懂得以佛法来处理困境，转化厄运，那么"地狱"也可以成为"天堂"。

　　《六祖坛经》说："日用常行饶益，成道非由施钱。菩提只向心觅，何劳向外求玄？听说依此修行，天堂只在目前。"天堂在哪里呢？只要你有真心、善心、直心、诚心，天堂就在你的心里！

信心是宝藏

　　已故哲学家方东美先生，曾在一次游泳时险遭灭顶。当他在水中挣扎时，忽然念头一转：我是一个哲学家，面对生死，怎么可以如此惊慌失措呢？后经自己放松心情，竟然借着水的浮力浮出水面，因而得以生还。这说明一个人只要对自己有信心，就能产生力量。

　　信心就是我们内心的宝藏，只要我们心中有信仰，就会产生信心。有了信心，就有取之不尽、用之不竭的能源。现代人只知向外寻找能源；然而外在的物资即使再丰富，终究有告罄的一天，因此世界各国为了解决"能源危机"，无不派遣专家上山入海，到处探勘、开发能源。其实，我们每个人都是开采能源的专家，只要我们懂得"反求诸己"，向自己的内心开采信仰的财宝，人生就会更富有。

　　信仰就是对真理信受奉行。能够对所闻所解的道理信而不疑，当下就能获得身心的清净，产生无比的力量。老婆婆一心虔念"六字大明神咒"，虽然错念成"唵嘛呢叭咪'牛'(吽)"，然而因为深信不疑，竟能使计数用的豆子不必手拿而主动归位，这就是信心的力量。

信心与人生的关系密切。从许多名词、用语中可以获得印证，诸如信念、信服、信任、信奉、信守、信行、信赖、信誉、信义、信施、信解、信愿、信条、信物、信托、信用卡、信用状等，甚至鸟类中也有"信天翁"、大自然也有潮信、花信等。过去佛教有以衣钵为信，皇帝以玉玺为信；君子则以信誉为信，朋友更以有德为信。

做人要守信用，更要有信心。有信心的人，凡事"信守不渝"，何愁做事不能成功？僧璨大师的《信心铭》说："至道无难，唯嫌拣择。"有信心才能远离一切对立、差别、是非、得失之妄念，而住于平等自在之境地。《华严经》说："信为道源功德母，长养一切诸善根。"如果对真理狐疑不信，安能契入佛道？

信心是失败时的火种，往往在你摸索的黑夜里，照亮前面的路途。《信心门》之歌说："世间的财富，要用信心的手去取；辽阔的江海，要用信心的船来渡。丰硕的果实，要用信心的根生长；无尽的宝藏，要从信心的门进入。有信心就有希望，有信心就有力量。信心是道德的根源，信心是智慧的保姆，信心门里有无限的宝藏。"

人生最大的敌人是自己，对自己缺乏信心，是失败的主要

给人信心，关怀他人多赞叹；
给人欢喜，面带微笑常问好；
给人希望，言谈举止要温和；
给人方便，有事相助不推托。

因素。有信心不但能成就世间的功业，更能长养出世间的菩提道业。世间上，还有什么比信心更珍贵的宝藏呢？

感应的原理

有个小男孩对着山谷大叫"我讨厌你"，藉以发泄心中的不满，结果他惊讶地发现，周遭的人也都讨厌他。小男孩哭着把情形告诉妈妈，妈妈安慰他，并且带他回到山谷，要他再叫一声"我爱你"，结果小男孩破涕为笑，因为他听到四面八方的人也都告诉他："我爱你。"

空谷回音，这就是感应！敲钟钟响，敲鼓鼓鸣，这也是感应。乌龟望蛋，孵化小龟；螟蛉有子，蜾蠃负之，这也是感应。毒气外泄，袭人丧命；温暖如电，流入心房，这也是感应。

感应就是天地万物、宇宙众生之间的一种互动、呼应。看到月圆月缺，嗟乎岁月的流逝；目睹花开花谢，感叹世间的无常，这都是感应。母子连心，魂牵梦萦，这也是感应。

感应也是因缘法，感应要有因缘条件。水不清，如何能影射景物？谷不空，如何能吞吐声呐？人如果没一颗清净、感动的心，如何能与真理相应，如何能与诸佛菩萨感应道交？所谓

"菩萨清凉月，常游毕竟空。众生心垢净，菩提月现前"，这就是感应的原理。

生活中，一句话，就会让人欢喜不已；一句话，也会令人痛苦不堪，这也是感应。喊一声万岁，就能获得赏赐；骂一句昏君，也会锒铛下狱；这都是有因有缘的，这也合乎缘起法则。

经常有人问：念佛、诵经、超度，为什么一定会有感应？所谓"心诚则灵"，道理是一样的。

有个禅师正在开示"阿弥陀佛"名号的功德，众中有个青年不屑地反问禅师："一句'阿弥陀佛'只有四个字，怎么有那么大的威力呢？"禅师不回答他的问题，只责备他说"放屁"！青年一听，怒气冲天地指着禅师责问："你怎么可以骂人？"禅师平静地笑道："一句'放屁'才两个字，就有这么大的力量，何况'阿弥陀佛'是四个字，你说怎么会没有威力呢？"

其实，"有感则应"。日常生活中，喝茶解渴、吃饭能饱，只要你留心，何处没有感应呢？

三世因果观

面对谜样的人生，有的人回想过去生中，自己做了什么？也有人妄想来生不知道会如何？更有人怨叹此生种种的不如意。其实迷时不解，悟时始明。

正如《三世因果经》云："欲知前世因，今生受者是；欲知来世果，今生作者是。"鉴古知今，有现知未，这不是"三世生命，一偈可明"了吗？

"种瓜得瓜，种豆得豆"。因果循环，明明白白，偏偏有人对因果生出许多误解，理由是：有的人作恶多端，但他一生荣华富贵；有的人善良有德，偏偏穷困潦倒。"善无善报，恶无恶报"，如此何来"因果"之有？如此"因果"，怎能叫人信服？

其实，因果是通于三世的，不能只看一时。道理很简单，假如一个人过去在银行里储蓄了很多存款，现在虽然作奸犯科，你能说不准他提用存款吗？如果有人往昔负债过多，虽然现在做人善良，然而欠债还钱是必然的道理，你能因为他现在很有道德修养，就不用还钱了吗? 善恶因果，有一世的、有来生的、有多世的，善恶因果，不是不报，只是时辰未到!

再说，因果也有因果的原理。例如，健康有健康的因果，你要健康，就要保持身心的愉快，要过正常的生活，要有保健的习惯，而你不行此途，妄想念佛行善来求得健康，如此不合乎"如是因，招感如是果"的原理。所以，你要发财，你就必须勤劳生产；你要名誉好，你就必须有人格、有道德。须知健康有健康的因果，道德有道德的因果，经济有经济的因果，信仰有信仰的因果，我们可不能错乱因果。

因和果之间还有一个"缘"，因果是不能改变的。但是因为有"缘"的加入，其因果之间的关系就不一样了。例如一棵大树的长成，本身的种子可以决定果实的酸甜、大小，但是成长过程中的土壤、水分、肥料、空气、阳光等助"缘"的条件好坏，都可以影响结果的品质，因此，"因缘果报"，诚信然也!

我们的生命，推之往昔，可谓"无始"而来；望之未来，可说无穷无尽，在此"过去、现在、未来"三世之中，生生不已，业报历然。我们现在的穷通得失，睽之三世，因果真乃丝毫不爽也。

合作与分工

世间上无论做什么事，合作才能成功，合作才有力量。例如，一个人的身体，眼睛要看，耳朵要听，脚要走路，手要拿东西，嘴要说话，虽然功用不一样，可是必须合作。合作，做人才能成功；合作，做事才能成就。

人的手掌有五根指头，单靠一根指头无法提物；如果五指"合作"并用，才能成为一个拳头而有力量灵活做事。

又例如一根木柴，不容易烧得起火；一大把木柴放在一起，就能发出熊熊的火光。所以世间上一切成就，必须众缘和合，必得集合众多的力量一起合作，才能众志成城。因此，人不要嫉妒别人，不要排斥别人，唯有大家合作，才能得到彼此的方便与顺利。

在一间房子里，住了瞎子、哑巴与跛子三个人。有一天，房子失火了，情急之下，瞎子请哑巴驮负跛子，由跛子指引哑巴找到出口，瞎子跟随在后，三个人终于"合作无间"地顺利逃出火宅。这个故事说明，人只要肯合作，就没有办不了的事，就没有成不了的功。

宇宙人生中，地水火风，因缘和合，才能生长万物；土木瓦石，条件具足，才能兴建房子。矿物经过分子合作，才有合成化学、合成石油、合成树脂、合成纤维等新产品。音乐表演要透过合奏、合音、合唱，才能发挥音域的宽广和谐之美。商业经营，也有所谓的合股、合资、合伙、合作社之组织；国际上，也有合众国、联合国的政治形态。小沙石要"集合"才能堆砌成山丘，小水滴要"合流"才能汇聚成江河大海。合，才能大；合，才能高；合，才能好；合，才能成。

合作固然重要，但也要懂得分工。分工才能各司其职，才能分层负责。一个团体中，主管要懂得授权，授权就是分工；部属要懂得团结，团结就能合作。分工与合作考验彼此的默契，就像"二人三脚"，必须默契十足，动作一致，才能在缺陷中发挥互补的效能。

人体中，眼耳鼻舌各司其职，就是分工；五指握拳成掌，就是合作。但是，六根要能互用无碍，拳掌要能舒卷自如，才能成为一个五官健全、根身正常的人。在军事作战上，也有所谓"分进合击"，经由不同的路线分别向目标包围，才能一举歼灭敌人。所以，当合作时要全力以赴地合作，当分工时也要做适当的分工。能够分工合作，团体才会健全。懂得合作分工，人际才能圆融。

不逆人意

人是群居的动物，在团体里，如何受人欢迎？首先要能做到：凡事不执着己见，不主观自我。对于别人的见解、看法，不能一味否决，遇事何妨先设身处地替对方设想。如此才能在团体中不受排拒，进而发挥影响力。

普贤菩萨十大愿中的"恒顺众生"，就是对民意的重视，也就是"不逆人意"。"不逆人意"不是盲目地投其所好，不是一味地曲意奉承。"不逆人意"是应世的慈悲，是处众的智慧，是圆融人际的善巧，是广结善缘的方便。佛教的"随类应化、同事摄受"，儒家的"有教无类、因材施教"，都是化世的慈悲与智慧。能够"不逆人意"，才能"应机说法"，才能"观机逗教"。

所谓"不逆人意"，就是凡对真善美的追求，必能"从善如流"，必不执着。有"不逆人意"性格的人，必肯"与人为善"，不但凡事ＯＫ，不轻易说ＮＯ，即使拒绝，也有替代。

"不逆人意"就是对人的尊重包容。在生活中，儿女不逆父母之意，就是孝顺；父母不逆子女之意，就是开明。属下不逆主管之意，就是服从；主管不逆属下之意，就是尊重。朋友相互不逆对方之意，就是知交。学习"不逆人意"，才能和平处事。

现代人经常否决别人，要用"不逆人意"来修养自己。"不逆人意"是最高贵的修养，是最高尚的情操。佛陀十大弟子中，"解空第一"的须菩提，他对佛陀的尊重、顺从，可以说"要他站，则不坐；要他坐，绝不站"。佛陀在因地修行时，身为须达拿太子，凡人民有所求，不论衣服、饮食、金银珍宝、车马、田宅等，甚至妻子儿女，无不施与，因此又称"善施太子"。此外，禅师的"唾面自干"、"老拙自倒"等，都非一般人所能为也。

"不逆人意"的人做事能成，"拂逆人意"的人做事难有助缘。从政者若真能时时做到"民之所欲，常在我心"，必是廉明之吏，必受人民爱戴。修道之人，若能时时怀抱"但愿众生得离苦，不为自己求安乐"，必是有德之士，必然道业有成！

"不逆人意"，实乃处世的最高智慧与涵养！

情绪管理

我们的身体，好像是一个村庄，在人体的村庄里，住了各色各样的人物。例如心中就包括天、人、地狱、饿鬼、畜生等，五趣六道都有。除此之外，主人翁的村长，就是我们的心，它的各种喜怒哀乐和忧悲苦恼的情绪，也助长了人体村庄中复杂的是非。

情绪没有定准，如：时而愤恨骄慢，时而昏沉懈怠，时而癫狂悭吝，时而惊慌失措。当一个人情绪不佳的时候，喜怒无常、蛮横无理，做事前后不一、举棋不定，让人觉得很难和他相处。

有情绪的人，就好像工厂里的机器不顺，有时运作正常，有时故障连连。有的人形容人的情绪变化如天气，晴时多云偶阵雨，让人捉摸不定。当一个人长期处在阴晴不定、冷热无常的气候中，身体如何能健康呢？因此，一个人即使再能干，绝不能情绪用事。情绪化是立身处世的障碍，用情绪做事不容易给人信任，当然也就不容易成功立业。

过分情绪化是性格上的缺陷，是心智不成熟的表示，情绪化的人大都是非不分、事理不明。历代暴虐无道的帝王将领，大致说来都是不能管理自己的情绪，结果导致国破家亡、身败名裂。

情绪化就是一种负面的情感。例如不平、不满、嫉妒、沮丧等，显发在外的，自然而然就表现出粗暴、蛮横、乖张、无理的言行。因此，要用感恩、知足、惭愧、反省、乐观、明理、感动、发心等对治之。

当美丽的庭院里有了杂草，就必须把它去除；当厨房里有了垃圾，就要把它清理；当身上有了污垢，也要将它洗净；当心理的情绪有病了，怎能不把它治好呢？

语云："一室之不治，何能天下国家为？"一个人要凭着正念、正勤、正道来做人处事，能透过般若观照、正心诚意地做人，才能把人体的村庄治理得非常完美，使得上下有序、老幼尊卑各得其所，绝不会在情绪上计较。当一个人能够把情绪管理好，才能找回心灵的主宰，也才能做自己的主人。

熏习的力量

古代的农家妇女，在衣橱里放置熏衣草，以便衣服充满香味，这就是"熏习"的力量。

"熏习"是一种感染力、一种影响力。《三字经》说："人之初，性本善；性相近，习相远。"儒家所谓"近朱者赤，近墨者黑"、"学而时习之"，这也是熏习的力量。

佛教主张"多闻熏习"，又谓"熏修德业"。品德的修养，除了靠古圣先贤、父母师长的言教、身教之外，境教也很重要。环境可以使一个人在长期耳濡目染下，不知不觉受到潜移默化而改变气质。所谓"橘化为枳"，种在淮南的橘子，移栽到了淮北就生出枳子。古代因有"孟母三迁"，故而才有后来的亚圣孟子，这都说明环境熏习的力量，不容忽视。

熏习就是透过眼耳鼻舌身心向外接触境界，然后在八识田中留下种子，待因缘成熟，就会表现在外，成为言行举止上的一种惯性，称为"习惯"，又称"习气"。

习气就像一个装过香水的瓶子，即使香水用罄，瓶子上的香味却久久不灭。习气又如种子，尽管花开花谢，只要曾经结果，留下种子，又会成为下一期生命的开始。因此，佛教有所谓的"留习润生"，又说："烦恼易改，习气难除"，已经证果的阿罗汉，因为往昔曾多世为女性的业力种子，今生仍会情不自禁地喜欢照镜子。甚至苦行第一的大迦叶尊者，尽管生活严肃，仍禁不住"闻乐起舞"，这也是前世业力留下的结果。

有一个雕刻家，长期雕刻罗刹鬼像，不知不觉自己的脸相也跟罗刹一样可怕。后来改雕佛像，不久竟然呈现满面的慈悲祥和。

两个卖鱼的妇女，长期在鱼肆里生活，一日外出未及回家，因而投宿在一间充满花香的旅店里。两个人彻夜未眠，后来只得拿出鱼篓，才终于在鱼臭味中甜蜜地睡去。

既然认识了"熏习"的力量，我们便应该不断地提醒自己，平时要养成良好的习惯，要忆念好的、善的、美的人事物，如此才能留下善美的种子。有了善因业种，又何愁人生没有善缘果报呢？

积极的护生

佛教提倡不杀生，不杀生是一种慈悲。不杀生而护生，进而倡导生权平等，这是最合乎现代举世所关心的生态保护，也是最积极的重视环保。

佛教对生命的尊重关怀，从一些偈语可以得到印证。诸如："我肉众生肉，名殊体不殊。原同一种姓，只为别形躯。甘肥任我需，苦痛由他受。莫叫阎老断，自揣应如何？""谁道群生性命微，一般骨肉一般皮。劝君莫打枝头鸟，子在巢中望母归"等。

不杀生就是不侵犯他人的生命。儒家有谓："见其生，不忍见其死；闻其声，不忍食其肉，是以君子远庖厨。"古人的"爱鼠常留饭，怜蛾不点灯"，这都是对生命的珍惜爱护。

根据佛教《六度集经》记载，佛陀在过去世为鹿王时，曾代替母鹿舍身，感动国王制定动物保护区，禁止猎杀。佛世时阿育王更广植树林，庇荫众生；设立动物医院，规定宫廷御厨不得杀生等，凡此都是佛教对于护生的最好示范。今人若能设立动物之家，让动物养老、医疗等，都是积极的护生。

现代素食风气兴盛，素食不仅有益健康，而且可以长养慈悲心。慈悲心就是不忍众生苦之心。平时我们在日常生活中，偶一不小心割伤或烫伤手指，即感痛楚。然而有些人却为了一己口腹之欲，杀鸡拔毛，宰猪杀牛，活鱼生吃等。在此之时，可曾体会它们垂死之痛？所谓"一指纳沸汤，浑身惊欲裂。一针刺己肉，遍体如刀割。鱼死向人哀，鸡死临刀泣。哀泣为分明，听者自不识"。

豢养宠物也是现代人的时尚，然而所谓"人在牢狱，终日愁欷。鸟在樊笼，终日悲啼。聆此哀音，凄入心脾。何如放舍，任彼高飞"。把鸟雀关在牢笼里，形同囚犯，如此虐待动物，亦不合护生之道。因此，不虐待动物也是护生，例如：不倒提鸡鸭、不鞭笞牛马、不弹射鸟雀、不垂钓鱼虾等。只是现代的社会，钓鱼、钓虾场到处林立，有的人虽然醉翁之意不在酒，纯粹以垂钓为乐，尽管钓上来之后又再放生，但当下已对鱼虾造成伤害。如此欺负弱小，何乐之有？

其实，护生最大的意义是放人一条生路，给人方便、给人救济、给人离苦、给人善因好缘、助成别人的好事等，这就是放生。放生、护生，才有生命的尊严。

过河要拜桥

有一句成语说："过河拆桥。"意谓受人帮忙，事成之后，忘恩负义，这是不懂得感恩图报。如果我们能够"过河要拜桥"，这即是知恩报恩，是给予他人应有的回馈也。

走在路上，天气炎热，在树下休息，要感念前人种树，我们后人才能乘凉。想到身边的历史文化之丰美，必能感念古人的辛苦和成就。

因为有前人播种的因，才有我现在收成的果。如果没有人肯把道路修好，到处坑洞，我必危险！如果没有农夫春耕秋收，我焉能衣食具足？每个人的一生，可以说都是在社会大众的共同成就下才得以生存。所以做人要有感恩心，要懂得回馈社会。

为什么我们要提倡孝道？乃感念父母生我之劬劳也！为什么要捐款做善事？为了感谢医院救我、学校教我也！房屋失火了，因为有消防人员的奋力救助，便有人热心捐献消防器材，这是感念若无消防人员，我何能安享所有？此皆"过河拜桥"之行谊也。

有一个富翁，房屋落成之日，大宴宾客。他请建筑工人坐上座，自己的儿女坐下座。人皆不解，富翁说："工人是建房屋者，应坐上座；儿女是未来的卖屋者，应该坐下座。"

饮水思源，有恩报恩，才会更有人助缘。古人所谓"士为知己者死"，甚至"结草衔环"以报深恩。"滴水之恩，涌泉以报"的事例，更是不胜枚举。

诸葛亮为报答刘备知遇之恩，全心辅佐后主阿斗，鞠躬尽瘁，死而后已。晋文公为了感念介之推随从出亡十九年，特制寒食节，以纪念其忠贞廉洁。伍子胥为报渔夫救命之恩，退兵不打郑国。韩信曾受漂母一饭之恩，功成名就后，特地回乡谢以重金。

一个人如果不知感恩，表示内心贫乏；懂得感恩知足，则俯拾皆是财富。知感恩，懂惜福，才是富有的人生。

为人处世，若能时时心存感恩，即使不如意的事也可以成为逆增上缘。因此，人与人的相处，若能时时怀抱感恩的心情，仇恨嫉妒便会消失无形，是非烦恼自然匿迹无影。能够时常心存感恩，才能增长品德，变化气质，生活中自可获得和谐美满。

凡事要有则

做事要有原则，做人更要有原则。原则，是指多数事项共通的法则，也是合乎逻辑的常理。有原则就不会自乱方寸，有原则就不会自乱步伐。

有的人在金钱面前，他有"要与不要"的斟酌，因为他有"原则"也。有的人在名利之前，他有"就与不就"的考量，因为他有"原则"也。

凡是一个人之所以为人所称道，大都是在他应世的时候，能考虑到自己的人格、道德的原则，考虑到他与社会、他与别人的原则，考虑到是非善恶的原则。所以凡人都应该自问：自己做人处事有什么原则呢？

所谓"不依规矩，不能成方圆"，规矩、法律就是"则"。火车不依轨道，出轨就没有轨则。飞机飞行有航线，航线即轨则，偏离航线，则后果不堪设想。

平地起高楼，如果没有依着地势高低的规则，必不能建成。人，往上爬升，如果没有遵守人我相处的规则，即使功成名就，也是埋伏了许多危机。

在世间上做人，有时要方便一些，有时则要坚持原则。过分地方便就会不能入流，过分执着不当的原则，不合情、不合理，也是顽固。《大乘起信论》说："随缘不变，不变随缘。"不变就是"则"。然而如果过分执着原则，不知变通，正如"刻舟求剑"，遗人笑柄；又如"宋襄之仁"，反显迂腐。因此，小事情对人无伤的，不要执着，随缘就好，但随缘也不是全然没有原则。所以，方便是智慧，也要看能方便不能方便。原则也是智慧，但也要看应该坚持不应该坚持。

则，有原则、法则、理则、规则。则，也不全然是四方的；则，也有曲线的、有圆形的、有三角形的。做人、做事没有原则，就没有步骤，就没有章程规则。所谓"己所不欲，勿施于人"，这是尊重他人的基本原则。能以大众为原则，以道义为原则，以多数为原则，以合理为原则，这是保持人格的基本原则。总之，凡事要有原则！因此，我们要把人、把事做好吗？先要替自己设定，你的原则是什么呢？

未来比过去美好

　　人，都有怀旧的习性，所谓"白头宫女话当年"；不忘回忆过去，这是表示过去比现在美丽。然而"岁月不待人"，过去的终究已经"时过境迁"，就算夕阳无限好，也只是近黄昏。因此，人不能沉溺在过去的回忆里。人的眼光要望向未来，要看得高、看得远，看得到未来，人生才有希望。

　　有一只小狗，整天追逐着自己的尾巴兜着圈子跑。大狗见了，不禁好奇地问明原因。小狗说："难道你没有听说，我们狗儿的幸福是在尾巴上，我绕着圈子跑，就是为了追逐幸福，难道你不希望追求幸福吗？"大狗说："我只知道，只要我奋力向前走，幸福就会紧紧地跟在我后面。"

　　人，要活在希望里，不要活在过去的记忆中！因为未来比现在更美丽。有未来，才有无限的希望。

　　人生在世，难免有顺境逆境。顺境时要淡，逆境时要忍，只要忍得过，再怎么不顺遂的事都会过去。再说，过去的失败，正是未来言行的借鉴，是推动我们成功的力量。人只要能记取过去的教训，改进现在，只要肯跟人结缘，就会有无限的未来。

依佛教的三世因果观来看，生命不是只有一世。因为有过去，才有现在；因为有现在，才有未来；因为有未来，才有三世；因为有三世，才有希望。我们生存在世间，只要活在希望里，则明日会更好。

人生的成败，难有定论。然而，一个人做事可以失败，但不能做人失败。过去可以失败，但不能未来失败。乃至过去的成就不管多么辉煌，不能认为过去的光荣是可以永久被肯定的。现在的成就才是重要的，而"现在"马上就会成为过去，又有下一个"现在"！因此，人不可以自满，要依着善美的原则，不断改进，不断变通，未来就会比过去更美好。

一个人之所以不会进步，往往是因为自我设限。一个人不肯自我突破，不肯自求上进，只一味地陶醉在过去的回忆里，别人是帮不上忙的。因此，我们在世，纵然有了些许的成就，也都会成为过去，风光不再，回忆又有何用？假如我们能把身心努力地照顾现在，耕耘未来，则未来必然会比过去更美，这是毋庸置疑的！

培养兴趣

人要有兴趣，没有兴趣的人生，生活何其乏味！

兴趣就是一种爱好。兴趣有时是与生俱来的，例如有人天生喜欢文学、音乐、运动等。兴趣也可以透过后天培养，例如有些父母从小培养儿女弹琴、绘画、舞蹈等才艺。兴趣有时候是选读科系或就业的主要考量，例如有人喜欢文科、有人偏好理科、有人钟情工科，而喜欢遨游四海的人，往往以导游、驾驶、空服员为职业。兴趣有时则是一分责任、一分悲心，例如投身公益事业，或加入义工行列，或是为了教化世间而以宗教师为职志等。

有时候为了充实自我，也会培养出阅读、写作、书法、计算机等兴趣。有时候兴趣只是纯为消遣，例如集邮、下棋、养宠物、莳花植草、看电影、逛街、购物等。从兴趣雅好也能凸显一个人的身份、财富，例如有钱人以集古董、集钱币为兴趣。甚至兴趣也可以是一种信仰生活，例如诵经、念佛、坐禅、抄经等。

有时候因为羡慕别人在某个领域有杰出的成就，于是心生向往之余，也能培养出相同的兴趣。有的人则是从兴趣中发展出自己的专长，不但成就自己，也能造福人群。

不管兴趣的养成是基于什么因素，重要的是不能有不良的嗜好。例如嗜赌成性、嗜酒如命，甚至嗜食、嗜睡，乃至抽烟、吸毒、游荡、恶口、说谎等，此皆不良的习性，不能名之为兴趣。

兴趣更不能"嗜好成癖"而"玩物丧志"。例如学生沉迷于电动玩具、飙车、计算机网络等而荒废课业，官员则因为热衷打高尔夫球而怠忽职守等等。兴趣尤其不能建立在他人的痛苦上，例如养宠物，一旦兴趣不再就弃养，于是形成流浪狗、流浪猫充斥街头，不但不人道，而且造成社会问题。

人的一天有二十四小时，除了吃饭、睡觉、工作之外，也要有正当的娱乐来调剂生活。因此现代的学校教育主张"德智体群育乐"并重，可见正当的兴趣也是生活中很重要的一环。一个人年轻时若能培养各种正当的兴趣，年老时才容易度日。

兴趣是开发潜能的动力，是安享晚年的寄托，是日常生活的调剂。一个人若能从事合乎自己兴趣的工作固然幸运，如果不能，也要从工作中培养兴趣，能够乐在工作之中，这才是培养兴趣之要。

美好的创意

　　人，要有创意；有创意才能求新，有创意才能求变！

　　创意是美好的，有人说现在的台湾社会如何的不好，但是我们的社会毕竟也有许多美好的创意。因为有创意，台湾才有今日傲视全球的经济奇迹；因为有创意，台湾才有今日执世界牛耳的电子工业；因为有创意，台湾才能走上"自由民主"；因为有创意，台湾才能百家争鸣、万花齐放。

　　创意，让社会更美好；创意，让人生变富有；创意，让人间能和谐；创意，让事业有进步。

　　半个世纪以来，台湾创造了许多历史性的奇迹：从过去的平房矮屋，到现在有了80层以上的高楼大厦；从过去颠簸不平的碎石小路，到现在建造了多条的高速公路；从过去手摇式的电话，到现在人手一机的大哥大；从过去简陋的小店铺，到现在应有尽有的百货公司；从过去路边的早餐豆浆摊，到现在二十四小时营业的便利商店；从过去没有电视台，到今日创造出一百家以上的卫星电视台；从过去家庭式的客厅工厂，到现在规模宏大的加工出口区；从以往小小的科学研究室，到现在引领尖端科技的科学园区；从过去螺旋桨的飞机，到现在飞行全世界的喷气客机；从过去数所大学，到现在分布全台的数百所大专院校；从过去数家报社，到现在报禁解除，人人皆可办报；从过去没有民意代表，到现在台湾有了数千个代表民意的人士。

创意，创意，多美好的创意！创意就是改造社会的新理念。创意，创造了美丽的新台湾；创意，创造了富有的新社会。我们也不时提出一些有创意的新观念，提供给社会。例如：

"现代的家庭、学校教育，要以鼓励代替责备。"

"现代的社会福利，应该健康的人出钱，为有病的人医疗"。

"现代的旅馆经营，何妨把总统套房让平民住一住"。

"现代的管理学很多，最高的管理就是管理自己"。

"懂得以'不要而有'，才能真正的'拥有'"。

"懂得做义工的义工，社会才会有更多的义工"。

"要把欢喜布满人间，因为我们是为欢喜才来人间的"。

"给，是最富有的人；贫穷的人，才会贪、才要受"。

创意富有了人生，创意带动了台湾的生命力。朱熹有诗云："问渠那得清如许，为有源头活水来。"创意就像活水源头，没有创意的人生，死水一潭；有创意的人，生命才能生生不息，才能永远常新。所以，每个人都应该发挥利人利世的创意，让创意为自己、为大众，创造出更美好的明天。

要有企图心

世间上，促成一个人进步的力量很多，"企图心"是一个很重要的力量来源。因为有企图心希圣希贤，所以要立志发愿；因为有企图心为国为民，所以要发愤图强。有企图心，才能完成人生的目标。

企图心不是图谋不轨，不是为一己之私而钻营；企图心必须导向利人济世的悲心宏愿，必须是向真、向善、向美的动力，如此才不会助长犯罪。

世间上，有的人为了对社会贡献，为了造福邻里，所以牺牲奉献、奔走呼吁。也有的人对忠义道德心生向往，因此即使杀身成仁、舍生取义，也是心甘情愿。反之，有了不良的企图心就会引发不好的结果，例如：贪赃枉法、贪污舞弊、奸巧拐骗、行使诈术、吹牛拍马、贪得无厌、损人利己、不择手段等投机取巧的侥幸心理。因此，企图心的善恶，在君子与小人之间立刻显现；企图心的好坏，在忠奸之前立即分辨；企图心的大小，在圣凡之中即刻分明。

企图心不是凭空等待，有了企图心想要成就大事，就应该起而企划谋攀，进而付之行动，如此才能实现愿望。

古今多少名人之所以能成就不世伟业，皆因胸怀壮志。因为有大愿心、有大企图心，故能有所成就。例如：班超"投笔从戎"，因为他有效法张骞出使西域的企图心，终于立功异域，名垂青史；刘秀"得陇望蜀"，因为他有统一全国大业的企图心，因此荡平逆党，得遂所愿。历代多少寒门士子，十年苦读，终能一举成名，也是因为有求取功名、光宗耀祖的企图心，乃至武则天、朱洪武因为有称帝的企图心，故能以布衣之身君临天下。

近代享誉学术界的李远哲、高希均，虽然出身寒微，因为怀抱一分学者报国的企图心，故能在科学与经济的学术领域大放异彩。再如纵横商业界的吴修齐、王永庆，闻名艺术界的齐白石、张大千，都是在困境中苦读苦学有成的典范。

所谓"三代之前，唯恐好名；三代以后，唯恐不好名"。现代则唯恐没有企图心，没有企图心则懈怠堕落、消极颓唐，一事无成。因此，做人要有做好人、做大人、做伟人、做专家学者的企图心，要有希圣希贤、成佛做祖的企图心，如此才不会空到人间走一遭。

社会是学校

现代的社会，处处讲究学历文凭，不论政府机关抡才取士，或是私人公司招考员工，莫不将学历列为考核要点。然而，如果我们认识释迦牟尼佛、孔子、耶稣的历史，不知道他们的学历又该如何算法？

孔子说："人非生而知之，乃学而知之。"学习的途径，除了正规的学校教育之外，自我教育、家庭教育、社会教育同等重要。

有人说，社会是一个大染缸；其实，社会更是我们学习的大好环境。社会正如一所大学，它所看重的是学力，而非学历。

中国自秦汉以降，虽设有考选制度，用以拔擢人才，然历代多少辅相贤臣、素士文人，例如：姜子牙、周公旦、诸葛孔明、伯夷、叔齐等，并没有人考叙他们，他们无不是自学有成，素孚德望，因此受到帝王的礼遇尊崇。可见一个人的能力应比文凭重要。

人的一生，岁月有限，故要自我要求、自我激励、自我学习。明朝擅长画荷的王冕、现代画虾灵动的齐白石，他们同样都是从无限的天地中，以师法大自然而自学有成的典范。乃至近代国学大师王云五，也是经由社会大学自学成功的素人学者。

再如佛教里的一些高僧大德，大都是受生活磨炼，对真理有了体验而造就出的不世之才。如六祖的八月春碓、百丈的务农、雪峰的饭头、杨岐的司库、道元的种菜、临济的栽松、沩山的粉墙等。

现代的社会中，有的军人从小兵做起，可以擢升到将军；有的文官从科员做起，可以升任为部长。可见得在学习过程中，靠人指导是一时的，靠自己用心用力，才是要紧。

"接受"是最好的学习态度，能接受多少，未来的成就就有多少。一个人有机会接受正规的学校教育当然很好，如果没有，"大块假我以文章"，宇宙人生，哪样事物不能学习？所谓"青青翠竹皆是妙谛，郁郁黄花无非般若"，在社会上，每天发生在我们周遭的善恶因果业报，不都是我们的教科书吗？古来多少圣贤苦学奋斗有成的故事，不都是砥砺我们向上的名人传记吗？每日报章杂志所报道的新闻信息，不都是我们取法的经验阅历吗？

只要有心，无处不是我们学习的环境。因此，社会就是我们的学校，学与不学，端视有心无心耳！

自知之明

人，知道事、知道理、知道学、知道人，都不算"知"；真正的"知"，要知道自己，才是真知。

现在社会上，即使有的人很聪明，博通政治、经济、社会、科学、天文、地理等，然而"知"得愈多，可能愈不知。因为禅宗说"大事未明，如丧考妣"，若是不能知道自己，总是无知也。即以简单的一个问题来看，"人，生从何来，死往何去"？数千年来除了佛菩萨、罗汉以外，几乎很少人能把此事弄明白，所以不能自知，又何能知人、知事、知理呢？

现在有很多人虽然知识丰富，但是见解不正，导致知识生病了。知识生病，就成为"痴"；因为愚痴，因而不能认识世间真相。这个世间的林林总总，在一个悟道者看来，其实是个颠倒的世界、愚痴的社会、邪见的人生，处处都是自我恼害啊！

去除愚痴，佛教提出般若智慧的方法。例如：明白因缘，可以去除愚痴；懂得观空，可以消除愚痴；能够无我，可以洞彻愚痴；只要理直，可以解脱愚痴。然而，般若处处求，如果不能自知，又何能认识般若呢？

知人很难，知事也很难，知理更为难。但最重要的，人要知道自己，才能改进缺点，才能发挥自己的长处。一般人的问题，出在于不知道人与我的关系。因为不懂"同体共生"的道理，因此不能生起慈悲心。一般人不了解心境一如，不能心境合一，因此心被境界所转，心被外物奴役。因为反主为奴，故而不能自知。

其实，人的自性本来清净无染，我们的真如自性本自清净，因为一念不觉，不能自知，故而忘失自家本来面目，所以沉沦苦海。人因为从爱而生，爱不能净化，因爱而被愚迷所因，故而不能解脱，所以不能了生脱死。

《般若心经》说："心无挂碍，无挂碍故，无有恐怖，远离颠倒梦想。"能够认识自己，就能心无挂碍；能够认识自己，才能圆满人生。

然而，人之不自知，正如"目不见睫"。人的眼睛可以看见百步以外的东西，却看不见自己的睫毛。多少人每天忙于计较别人的得失成败，指责他人不如法，却忘了关心一下自己的起心动念；对于自己的理想、自己的责任、自己的使命，如果不能认识，往往庸碌一生，一事无成。因此，人要自知，有自知之明，才能明理，才能成为一个健全的人。

逆境，是磨练意志的大洪炉；
困苦，是完成人格的增上缘；
信心，是到达目标的原动力；
理想，是建设人生的指南针。

日日行，不怕千万里；
常常做，不怕万千事。

人兽之间

　　孟子云："无恻隐之心，非人也；无羞恶之心，非人也；无辞让之心，非人也；无是非之心，非人也！"当一个人的所言所行、所作所为不合于"人"的条件时，往往被讥为"禽兽不如"。

　　那么，人与禽兽之间到底有何差别呢？《礼记》云："凡人之所以为人者，礼义也。"《左传》亦云："人所以立，信、知、勇也！"孔子更说："行己有耻。"此皆说明：人与禽兽最大的不同，在于人有仁心、人讲信义、人能好礼、人知廉耻。因此，崇礼好义是为人，感恩知耻是为人，有情有义是为人，有慈悲恻隐之心是为人。

　　人之有别于禽兽者，除了人有道德人格之外，更重要的，人有理想、有抱负，而禽兽只求三餐温饱，不知理想为何物也。

　　动物中，草食的牛马羊鹿等，水草之外，别无所求；肉食的虎豹豺狼等，一旦吃饱了，即使牛羊在旁，它也无动于衷。

　　人，虽然自称为"万物之灵"，自觉比禽兽高等，但是动物中也有不少为人所称道的行谊。例如：蚂蚁团结、蜜蜂勤劳、狮虎护子、狗育虎豹等，乃至犬守夜、鸡司晨、信鸽千里传书、蝴蝶万里寻根等。甚至动物中也有知恩报恩的美事，例如：羔羊跪乳、乌鸦反哺、义犬救主、牛马报恩等等。相较之下，有时人反不如禽兽，因此世间到处充斥着"猪狗不如"、"狼心狗肺"、"蛇蝎美人"、"人头畜鸣"之辈。

本来，人有人性，兽有兽性，一旦忘记人性，则无异禽兽也。

人，为什么会忘记了自己是人呢？因为人也有人性的弱点！人在名位权势之前往往会迷失自己，在声色货利之前往往会忘失本性，在瞋恨嫉妒之前往往会丧失理智。是故古今中外，多少帝王之家，如杨广弑父杀兄、武则天杀女囚子等，为了争权夺位，不惜骨肉相残、同室操戈，除了印证"最是无情帝王家"之说外，其实，在平民百姓之家，又何尝没有为财为利而兄弟阋墙、父子反目的戏码上演呢？这也说明"利令智昏"的可怕。

人有理智，人能分辨是非善恶，然而在利字当头，如果不能用道德战胜贪婪私欲，则与禽兽何异？反之，若以"众生皆有佛性"而言，禽兽何尝没有人性？是故人兽之间，其实就在于是否能守护真心？如果人能做到不欺暗室，不让真心被声色货利所蒙蔽，能够仰无愧于天，俯无怍于人，则庶几不愧为人矣！

人不可自轻

人体有多重？从五十公斤到一百五十公斤，有数可计也！人格有多重？人心有多重？则不可计也！

人的重量不是物质上的，是精神上的道德、智慧。一个人生时对家庭、社会贡献多少？是要由大家来评鉴衡量的。一个人的功过成败如何？则有待历史给予认定，不是靠自吹自捧而来的。

有的工人一天的劳累，只值数百元；有的企业家，几句话，别人可以致送数万元；从金钱上就可以分出人的价值多少？有的人为求高官厚禄，一呼即来；有的人对功名利禄，避之唯恐不及；此等人的价值也可以从道德修养上看出端倪。

民初，袁世凯妄想称帝，他以十万银元要求梁启超不要发表"异者，所谓国体论也"一文，梁启超不为所动。梁先生的人格价值何止千金万两？

过去的禅师只求悟道，虽成佛做祖，吾不为也！反观今之人心，有的人为了争夺家产，弃兄弟情义于不顾，彼此争得头破血流，甚至闹上法庭。但也有的人一言不发，远走他乡，兄弟之情谊，孰轻孰重，也可了然。

过去民间嫁娶，只要多少聘金？多少头猪？即可娶回一个新娘，甚至买妾有价！但是，人的尊严何价呢？齐人宁可挨饿也不食"嗟来之食"。从苦难中、从穷苦时，最能看出一个人的气节，尊严何价！

唐宋八大家之一的苏东坡，一向自视文学造诣很高，和高僧往来的公案更是众多。有一次，他想试试玉泉禅师的悟境，于是化装成达官贵人去见禅师，禅师看到他，上前招呼："请问高官贵姓？"苏东坡机锋回答："我姓秤，专门秤天下长老有多重的秤！"玉泉禅师大喝一声，然后说："请问我这一声有多重？"苏东坡哑口，内心大服。

《论语》云："君子不重则不威。"我们的行为，一举一动要自重；讲话，一言一行要自重；处世，一事一物要自重；人生，一时一刻要自重。人若不自尊自重，何能要求别人尊重之。所谓"人必自侮而后人侮之，人必自轻而后人轻之"。故而我们立身处事，不但不能自傲，更不能自轻也！

不当的朋友

古人说："独学而无友，则孤陋而寡闻。"世间上，君子以道为友，小人以利为友，不管什么时候，人总离不开朋友。

儒家把"朋友"定为五伦之一，可见朋友的关系是有道德伦理可以规范的。朋友对人的一生非常重要，所谓"在家靠父母，出外靠朋友"，人生的前途事业，与交友得当与否，有密切的关系。

《孝经》说："友有四品：有友如花、有友如秤、有友如山、有友如地。"如花、如秤的朋友是不好的损友。因为，如花的朋友，在他有求于你的时候，视你如宝贝；当你没有利用价值的时候，他就弃你如敝屣。如秤的朋友，当你有办法的时候，他就卑躬屈膝地向你低头；当你失势的时候，他就昂起头来看不起你了。因此，朋友要交"如山如地"的朋友，这才是可以共患难、同生死的益友。

一般社会上说，朋友要具备三个条件：一、友直；二、友谅；三、友多闻。其实，朋友有多种：有吃喝玩乐的朋友、有共同创业的朋友、有同甘共苦的朋友、有虚情假意的朋友。有的人因朋友而终身受益，有的人因为朋友而陷入不拔之地，所以交友不能不慎重。

战国时代，同在鬼谷先生门下受业的庞涓与孙膑，本是同学又兼好友，后来庞涓因为嫉妒孙膑的才华在他之上，于是设计陷害，使得孙膑险些丧命。因此，朋友之间要能互相成就，不要嫉妒障碍，能够"成人之美"，才能做朋友。

朋友之交，重要的是诚信、正直、互助、体谅。所谓"能容谏诤之友，勿交阿谀之人"。人的一生，如果能有几个"莫逆之交"、"刎颈之交"、"金石之交"、"金兰之交"、"杵臼之交"、"布衣之交"、"管鲍之交"的"患难诤友"，那是莫大的福报。否则宁可没有，也千万不作"市道之交"、"鸟集之交"、"势利之交"。

古人对朋友的选择，极重品德。管宁与华歆本是同席读书的好友，有一天，门外车声隆隆，人声鼎沸，华歆禁不住好奇，一再向外探头张望。管宁一见，认为华歆不是一个值得交往的朋友，因此与之"割席绝交"。

儒家说："近朱者赤、近墨者黑。"洪自诚说："结交益友，如入芝兰之室，久而不闻其香；结交恶友，如入鲍鱼之肆，久而不闻其臭。"朋友之交，应以"规过劝善"为要，切莫"朋比为奸"。万一交到不当的朋友，一生终将受害，岂可不慎！

念力增上

　　人的心念，快如瀑流，念念不停。"念"，非常重要，有善念，有恶念。善恶之念就好像人生的两条路，善念走向天堂，恶念走向地狱。

　　所谓恶念，就是妄念、邪念、欲念；所谓善念，就是正念、道念、净念。"念力增上"者，就是要我们去除恶念，增加善念。

　　佛教为了要人去除妄念，提倡念佛法门，亦即要我们以念佛的"正念"来对治贪瞋愚痴的"妄念"。然而真正说来，妄念固然要去除，正念也不能执着，因为"动念即非"，所以要以"无念"来去除"正念"。六祖大师的曹溪法门，提倡"无念为宗"；所谓无念，就是"念而不念、不念而念"。无念就是不执着，那是最高的境界；能够"无念"，则生活里自能随喜、随舍、随心、随缘！

　　念，在我们的心中翻滚不停。一般人每天可以说都是生活在"妄念"里，念人我是非、念得失有无；念头带着我们在十法界中游走不停。一念善，诸佛菩萨、天人之境；一念恶，恶鬼畜生，诸苦相现。我们身心所以不能安住，就是因为"心"被"念"头牵引，轮转不停，因此不得安宁。

我们每日休息的时候，眼、耳、鼻、舌、身都会停止活动，唯有心念仍然东游西荡、上山入海，一刻不曾稍歇。为了要把念头修好、修正、修净，所以佛陀指示我们要修"六念法门"，即：念佛、念法、念僧、念戒、念施、念天。乃至"四念住"，即：观身不净、观受是苦、观心无常、观法无我，主要的，也是为了对治我们心中的颠倒妄念。

经云："心如冤家身受苦。"经典里把念头当作盗贼、恶马、恶象等，必须调伏。因此，有的人到深山里苦修，有的人在关房里苦学，各种的修行法门，无非都是为了对治心中之一念也。

所谓"染情染境"，我们的心，一旦被染着，自然会以牛粪心看人。反之，以佛心看人，一切皆佛。因此，我们若能时刻自我"观心"，让希圣成贤、成佛做祖的"念力增上"，让真善美的净念相续，进而心无住着，泯然清净，这就是最大的修行也！

艺术的人生

　　世间上，凡一切事物具有审美的价值者，统称为艺术。艺术也不只是一幅画、一件雕刻，甚至一首歌、一笔字、一栋建筑、一场讲演，只要能给人美感，可以引起别人的共鸣，能够让人的心灵升华扩大，这就是艺术，这也是艺术的价值所在。

　　幽默大师林语堂先生提倡"生活的艺术"，即穿衣吃饭、行住坐卧，都有艺术在焉! 一般人喝茶，但有的人品茗; 有的人爱书，也有的人捕捉书中的智慧，这就是艺术。

　　人的生活离不开美感，从生活中感受、领略美的事物，才能享有艺术的人生。世间上，有的人脂粉庸俗，这是因为没有艺术; 有的人气质高雅，这就是艺术。有的人只是注重外表的事相，而没有内涵。没有内涵，即使是一幅画、一首诗，也不是艺术。

　　艺术讲究的是"美"。一朵花，静静地开放，不一定美。但其随风摇曳，婀娜多姿，才更是风姿绰约，更有美感也。一幅画，虽然色彩斑斓、景致幽静，但也要有高低曲线、深远难测，才能耐看，才是艺术，才是美的作品。

艺术是人类情感与智慧的结晶，透过不同的方式，呈现出不同的艺术，包括音乐、舞蹈、绘画、雕刻、语言、文学、戏剧、电影等。艺术可以透过眼耳的观赏聆听，从视听上去感受它的美。艺术尤其需要用心灵去体会，才能丰富人生。

生活中，懂得幽默，就是一种艺术。近代知名的诗人作家郭沫若先生，为人风趣幽默。有一次应邀参加漫画家"廖冰兄"的画展，席间，郭沫若问廖冰兄，为什么取了这样一个奇怪的名字，自称为"兄"？一同出席的版画家王琦抢着代为回答："他妹妹名冰，所以他叫冰兄！"郭沫若一听，说道："喔！我明白了，郁达夫的妻子一定叫郁达；邵力子的父亲一定叫邵力。"一句话，引得满堂宾客捧腹大笑。

宋代的石曼卿学士，有一次出游报宁寺，侍从不小心使马受到惊吓，马背上的石曼卿因此摔了下来。随从大骂侍从，而石曼卿只温和地握着马鞭，对随从说："好在我是'石'学士，如果是'瓦'学士，岂不要摔破了。"

一句幽默的话，一些和善的语言，会化解人的难处，这就是生活的艺术。所以，人，不一定要拥有万贯家财，也不一定要日日高朋满座，但何妨为自己营造一个艺术的人生，让自己的心灵时时浸淫在真善美的境界里，这样的人生，何其高雅，何其富有啊！

智慧的人生

人生要拥有什么最好呢?

有人希望拥有洋房,有人希望拥有汽车,有人希望拥有娇妻,有人希望拥有子女,也有人希望拥有土地、田产、股票、珠宝等。其实这些都不是最好的拥有,人生最好的拥有,就是智慧。

智慧是人生的导航。遇到逆境,懂得用智慧来转,便能开拓出另一番的天地。

所谓智慧,"智"者从"知",汲取知识是智慧的开始。然而,知识是用学的,智慧是用悟的;能"日进新知",并将知识活用于生活,融入于生命,这才是真智慧。平时闻法、思法、修法,可以帮助我们开启智慧。

人类文明之所以一日千里,不是金钱造就的,而是众人智慧的结晶。世间上最可怕的是无明,开显心中的智慧才是断苦之本。有智慧的人,对于任何事物都有正确的认识与了解,而不至于走入邪途。

智慧就是财富，一个人的劳力有限，真正的能源在于内心的智慧。能够开发内心的能源，人生才会活得充实、快乐。

"别人看到外，我看到内；别人看到相，我看到理；别人知道点，我知道面"，这就是智慧。"感谢因缘"，就是有般若的智慧人。《六祖坛经》说："改过必生智慧，护短心内非贤。"能够"知过改过"，更是大智慧。

有智慧的人，懂得寻找生命的根源，懂得提起"生从何处来，死往何处去"的疑情。有智慧的人，凡事往大处着眼，并能识大体，不会为了私事而和人计较，自然能够受人尊敬。有智慧的人，越是紧急的时候，越能镇静沉着，唯有在镇静中才能想出应付事变的方法。愤怒，就像在平静的湖面上丢下一块大石，扰乱原本清澄的智慧，无法正确判断事理而贻误自害。

老子说："大直若屈，大巧若拙。"真正有智慧的人，必懂韬光养晦，必懂内敛含蓄，所谓"大智若愚"是也。

智慧乃靠先天的禀赋及后天的努力，两者相较，后天的努力远较先天的力量大。因此，不要羡慕别人的聪明智慧，有其因，才有其果；若不种因，徒羡其果也是枉然。要紧的是，自己要立志，再加以恒心，如此才能活出有智慧的人生，才是成功在望的人。

佛说"智慧就是般若"，般若则能度己度他也！

附录：
星云大师佛学著作

中文繁体版

《释迦牟尼佛传》

《十大弟子传》

《玉琳国师》

《无声息的歌唱》

《海天游踪》

《佛光菜根谭》

《佛光祈愿文》

《合掌人生》

《星云法语》

《星云说偈》

《星云禅话》

《觉世论丛》

《金刚经讲话》

《六祖坛经讲话》

《八大人觉经十讲》

《观世音菩萨普门品讲话》

《人间佛教论文集》

《人间佛教语录》

《人间佛教序文书信选》

《人间佛教当代问题座谈会》

《当代人心思潮》

《人间佛教戒定慧》

《迷悟之间》（全十二册）

《人间佛教系列》（全十册）

《佛光教科书》（全十二册）

《佛教丛书》（全十册）

《往事百语》（全六册）

《星云日记》（全四十四册）

中文简体版

《迷悟之间》（全十二册）

《释迦牟尼佛传》

《在入世与出世之间——星云大师佛教文集》

《宽心》

《舍得》

《举重若轻·星云大师谈人生》

《风轻云淡·星云大师谈禅净》

《心领神悟·星云大师谈佛学》

《不如归去》

《低调才好》

《一点就好》

《快不得》

《人生的阶梯》

《舍得的艺术》

《宽容的价值》

《苹果上的肖像》

《学历与学力》

《一是多少》

《三八二十三》

《未来的男女》

《爱语的力量》

《修剪生命的荒芜》

《留一只眼睛看自己》

《定不在境》

《禅师的米粒》

《点亮心灯的善缘》

《如何安住身心》

《另类的财富》

《人间佛教书系》（全八册）

《佛陀真言——星云大师谈当代问题》（全三册）

《金刚经讲话》

《六祖坛经讲话》

《星云大师谈幸福》

《星云大师谈智慧》

《星云大师谈读书》

《星云大师谈处世》

《往事百语》（全三册）

《佛学教科书》

《星云法语》

《星云说偈》

《星云禅话》

《包容的智慧》

《佛光菜根谭》